Mikro-transitionen in der Kinderkrippe

Entwicklungs- und Bildungsort

KRIPPE

Dorothee Gutknecht · Maren Kramer

Mikro-transitionen in der Kinderkrippe

Übergänge im Tagesablauf achtsam gestalten

Mit Fotos von Gudrun de Maddalena

HERDER

FREIBURG · BASEL · WIEN

Im Interesse der besseren Lesbarkeit und weil Frauen in frühpädagogischen Berufen prozentual stärker vertreten sind als Männer, wird in diesem Buch stets die Leserin angesprochen und auch meist die weibliche Form verwendet, wenn von pädagogischen Fachkräften die Rede ist. Selbstverständlich sind damit aber immer Leser und Leserinnen bzw. männliche und weibliche Fachkräfte gleichermaßen gemeint.

MIX
Paper from responsible sources
FSC® C010798
FSC www.fsc.org

www.herder.de

Umschlagfoto und Fotos im Innenteil: Gudrun de Maddalena
Satz und Gesamtgestaltung: Uwe Stohrer, Freiburg
Vignetten im Innenteil: Gudrun de Maddalena (S. 13, 73)
©Fotolia.com: Alexas_Fotos (S. 55, 88); Bombaert Patrick (S. 86); Cheryl Davis (S. 64); dimedrol68 (S. 24); Fabian Petzold (S. 61, 92); Frank Eckgold (S. 68); Jeanette Dietl (S. 37); Marcel Mende (S. 69 Apfel); Paulista (S. 6); Photography-ByMK (S: 59); sevulya (S. 78); valentinacarpin (s. 62)
©pixabay.com: ColiN00B (S. 31, 102); Pexels (S. 19)

Herstellung: Graspo CZ, Zlín
Printed in the Czech Republic
ISBN Print 978-3-451-37550-7
ISBN E-Book 978-3-451-81231-6

Inhalt

Dank

Danke an das Netzwerk „Qualität in Kinderkrippen und in der Kindertagespflege, QuiKK Freiburg Südbaden", insbesondere an die Teilnehmer*innen der Arbeitsgruppe „Mikrotransitionen – Interaktionsprozesse in den kleinen Übergängen im Tagesablauf". Unser besonderer Dank geht hier an K. Litzenberger, Montessori Kinderhaus Angell in Freiburg, S. Müller, Fachschullehrerin in Freiburg, M. Becker und J. Ambs, beide Kita Lummerland in Freiburg, und an H. Jansen-Czaja, Abteilungsleiterin der ev. Kitas in Freiburg, die auch mit moderiert hat. Für die Unterstützung des Netzwerks QuiKK und seiner Projekte bedanken wir uns bei Prof. Dr. R. Kirchhoff, Rektorin der EH Freiburg, bei Bildungsbürgermeisterin G. Stuchlik, Freiburg, bei G. Wesselmann, Leiterin des Freiburger Amts für Kinder, Jugend und Familie, sowie bei K. Ehinger, Fachberaterin, Stadt Freiburg. Den pädagogischen Fachkräften, Eltern und Kindern aus dem Reutlinger Kinderhaus Betzenried gilt unser Dank genauso wie denen der von M. Kramer geleiteten Kinderkrippe Stadtzwerge, Heilbronn, die ihr Einverständnis zur Veröffentlichung der Fotos in diesem Buch gegeben haben. Ein herzliches Dankeschön geht zudem explizit an die Mitarbeiter*innen der Stadtzwerge, Heilbronn, für ihre Geduld und ihre guten Gedanken während des Schreibprozesses ihrer Leitung! Für ihre große Unterstützung im Realisierungsprozess, für Praxisbeispiele und Anregungen danken wir R. Gräter-Haas, Leitung Kinderhaus Betzenried, und C. Bader, Fortbildungs-Referentin, Stuttgart. Für den kritischen Blick aus kindheitspädagogischer Perspektive bedanken wir uns bei unseren Probeleserinnen K. Daldrop, B. Brombacher und S. Mögle. Nicht zuletzt geht ein großes Dankeschön an Prof. Dr. H. Schöler für die kritische Durchsicht des Manuskripts.

Einleitung

Über die Hälfte des Tages in der Einrichtung verbringen Kleinkinder und pädagogische Fachkräfte in Übergangsphasen wie z. B. vom Spielen zum Essen, vom Gruppenraum in den Waschraum, von drinnen nach draußen. Solche Übergangsphasen werden auch als Mikro-Übergänge oder Mikrotransitionen (Gutknecht 2015a) bezeichnet.

Sie stellen oft die schwierigsten und stressigsten Zeiten im Tagesablauf einer Krippe dar: Institutionelle Hektik oder Mangel an Struktur können gerade bei kleinen Kindern schnell zu einem massiven Verlust der emotionalen Selbstregulation führen. Sie verlieren dann die Fassung, schreien und weinen oder zeigen herausforderndes Verhalten. Durch das Phänomen der Gefühlsansteckung fallen dabei andere Kleinkinder oft mit in das Weinen ein und schließlich muss die pädagogische Fachkraft eine ganze Gruppe an Kindern darin begleiten, wieder in einen regulierten Zustand zu finden.

Nicht nur die Kinder, auch die Fachkräfte können bei der Bewältigung von Mikrotransitionen sehr schnell in Stress geraten und ihre Ruhe und Ausgeglichenheit verlieren. Vor diesem Hintergrund gilt es in der Arbeit mit Kleinkindern eine Stress-reduzierende Pädagogik umzusetzen. Wenn pädagogische Fachkräfte die starken Emotionen von Kindern angemessen regulieren wollen, erfordert dies jedoch eine sorgfältige Planung und Einfallsreichtum: Was tun, wenn Ludmilla schreit und weint, weil sie ihr Spiel beenden soll? Wie kann die Garderobensituation „entstresst" werden, damit Kinder dort nicht schubsen, rangeln oder gar beißen? Wie lassen sich dort Wartezeiten geschickt verkürzen, damit kein Kind 10 Minuten im Schneeanzug warten muss? Wie bleibt man gelassen bei der Begleitung des Händewaschens? Wie lässt sich der Stress für Nicolas minimieren, der jedes Mal bitterlich weint, wenn die Nachmittagsschicht beginnt und er sich von seiner Bezugspädagogin trennen muss, die vormittags für ihn da war?

Übergänge sind in erster Linie rund um die Schlüsselsituationen und Alltagsroutinen herum zu bewältigen: Jeden Tag kommen die Kinder morgens in Begleitung ihrer Bezugsperson in der Garderobe der Kita an, ziehen ihre Jacken aus und die Hausschuhe an. Jeden Tag werden sie vom Spielen zum Wickeln oder vom Essen zum Schlafen begleitet. Die pädagogischen Fachkräfte sind deshalb gefordert, die Kinder darin zu unterstützen, den üblichen Ablauf einer Alltagssituation zu ver-

innerlichen, d. h., eine Art Drehbuch-Skript zu diesen sich täglich wiederholenden Situationen aufzubauen. Das Kind muss die notwendigen Handlungen so sicher abgespeichert haben, dass es die einzelnen Schritte gut vorhersehen kann.

Hier ist auch eine gute Zusammenarbeit im Fachkräfte-Team gefordert: Wie sollen die Drehbuch-Skripts der Kinder bei uns in der Einrichtung eigentlich aussehen, wie läuft es im Waschraum oder beim Frühstück ab? Wie gehen wir mit Raum-, Aktivitäts- oder Personalwechseln um? Welche Abläufe sollten wir ändern?

Im Buch werden alle wichtigen Fragen rund um die Gestaltung von Mikrotransitionen praxisorientiert behandelt: angefangen von „Wie reduziere ich Wartezeiten?" über „Wie begleite ich Maja und ihre Mutter, um ihnen das Ankommen zu erleichtern?" bis hin zu „Wie kann ich jede einzelne unserer Alltagsroutinen in ihrem Ablauf so optimieren, dass sie deutlich stressfreier wird?".

Dabei werden Wege vorgestellt, um das Sicherheitsempfinden der Kinder durch vorhersehbare Abläufe zu erhöhen und damit auch ihr Zeitgefühl zu stärken, das sich erst nach und nach entwickelt. Passende Lieder und Reimspiele werden als wichtige Basis-Rituale eingeführt. Doch auch mögliche „unerwünschte Nebenwirkungen" solcher Rituale werden kritisch in den Blick genommen. Neben dem Einsatz visueller, taktiler und auditiver Markierungen, die Mikrotransitionen erleichtern können, ist eine sensible und feinfühlige Arbeit mit den Übergangsobjekten der Kinder wie Teddys und den anderen Kuscheltieren anzuraten.

Die Entwicklung einer durch Achtsamkeit getragenen Beziehungsgestaltung stellt die Grundlage für die Arbeit mit Kleinkindern dar. Dabei muss die Fachkraft auch achtsamen Umgang mit sich selbst berücksichtigen. Schließlich zeigt das Buch auch Formen der Zusammenarbeit mit Familien auf, die bei der Gestaltung von Mikrotransitionen beachtet werden sollten.

Im Buch wird ein breites Methodenspektrum vorgestellt, um die kleinen Übergänge im Tagesverlauf insgesamt stressfreier, weicher und harmonischer für Fachkräfte, Kinder und Bezugspersonen zu gestalten.

1. Mikrotransitionen: die kleinen Übergänge im Alltag

1.1 Was sind Mikrotransitionen?

Kleine Übergänge im Tagesablauf einer Kita oder Kinderkrippe werden als Mikrotransitionen bezeichnet (Gutknecht 2015a). Der Begriff bezieht sich auf die sich mehrfach täglich wiederholenden Wechsel in den Alltagsroutinen der Einrichtung, die das Kleinkind durchlebt. Im folgenden Kasten sind die Bereiche der Mikrotransitionen dargestellt.

Mikrotransitionen im Krippenalltag

1. Wechsel von Räumen, wie
   - vom Gruppenraum zum Waschraum
   - von drinnen nach draußen
   - Etagenwechsel, Bewältigen von Fluren und Treppen
2. Wechsel von Aktivitäten (bezogen auf Alltagsroutinen), wie
   - vom Essen zum Schlafen
   - vom Spielen zum Aufräumen oder zum Wickeln
3. Wechsel von Personen, wie
   - bei der morgendlichen Begrüßung von den Eltern zur Fachkraft und am Nachmittag wieder zurück
   - beim Schichtwechsel von der Bezugspädagogin, die in der Frühschicht arbeitet, zu einer Nachmittagskraft

Bis die kleinen Übergänge im Tagesablauf einer Einrichtung für Kleinkinder vertraut geworden sind, vergeht oft eine längere Zeit. Fachkräfte benötigen hier feine Antennen für die Herausforderungen, die die kleinen Veränderungen im Alltag für ein junges Kind bedeuten können. Veränderungen und Unerwartetes können heftige Gefühle von Verunsicherung auslösen, die teilweise mit einem Verlust der emotionalen Regulation einhergehen. Die pädagogische Fachkraft sollte daher darauf vorbereitet sein, dass Kinder mit äußerst starken Emotionen auf Veränderungen in der Tagesrhythmik reagieren können.

Um einen Übergang problemlos zu bewältigen, müssen die Kleinkinder oft eine ganze Reihe von Teilschritten überblicken. Die pädagogischen Fachkräfte brauchen daher einen sehr guten Überblick darüber, welche und auch wie viele Teilschritte dies insgesamt sind. Folgende drei Zeitpunkte sind daher nach Malenfant (2006) bei der Planung von Übergängen im Alltag beim Durchlaufen einer Mikrotransition genau zu analysieren:

- die Zeit vor dem Übergang
- die Zeit während des Übergangs
- die Zeit nach dem Übergang

Mikrotransitionen beanspruchen aufgrund dieser Komplexität in der Arbeit mit Kleinkindern zeitlich oft mehr als die Hälfte des gesamten Tagesablaufs (Malenfant 2006, Gutknecht 2015a).

1.2 Zusammenhang von kleinen und großen Transitionen

Wenn hier von kleinen Transitionen – den Mikrotransitionen – gesprochen wird, die sich jeden Tag ereignen, stellt sich die Frage, was sie von großen Transitionen unterscheidet.

Große Übergänge beziehen sich auf tiefere Veränderungen und Einschnitte im Leben, die in der Regel einmalig vorkommen und meist als bedeutsame Erinnerungen abgespeichert werden. Sie haben eine hohe Bedeutung für die Lebensbiografie und Identität eines Menschen (Griebel & Niesel 2015). Für das Kleinkind und seine Familie stellt der Übergang von der Familie in die Kita einen großen Übergang dar. Denn von nun an erfährt das Kind ein geteiltes Betreuungsfeld von Kita und Familie. Die Herausforderungen dieses Übergangs wurden intensiv erforscht (Ahnert, Kappler & Eckstein 2012; Datler, Datler & Funder 2010; Laewen, Andres & Hédervári-Heller 2011) und führten zu der Empfehlung einer elternbegleiteten, bezugspersonenorientierten und abschiedsbewussten Eingewöhnung von Kindern (Haug-Schnabel & Bensel 2006). Wenn diese Eingewöhnung nicht gewährleistet ist, haben Krippenkinder ein deutlich erhöhtes Erkrankungsrisiko (Laewen, Andres & Hédervári-Heller 2011).

Neben diesem großen Übergang gibt es noch zahlreiche andere, die Kleinkinder in Einrichtungen erleben, wie den Wechsel von einer Krippe in eine Kita oder von der Nestgruppe in eine andere Gruppe innerhalb der Kita. Das Kleinkind erlebt hier ebenfalls einen einmaligen tiefen Einschnitt, der allerdings nicht so bedeutungsvoll ist wie der Übergang von der Familie in die Kinderkrippe oder Kita. Das Kind wechselt dabei in andere Räume, hat andere Kinder um sich und neue Fachkräfte. In Abgrenzung zu den großen Transitionen und zu den Mikrotransitionen bezeichnen wir diese Übergänge als Transfersituationen. Allzu oft wird angenommen, dass gerade die Wechsel innerhalb einer Einrichtung keine besonderen Herausforderungen darstellen – eine Fehleinschätzung, wenn es um Kinder unter drei Jahren geht.

Mikrotransitionen, um die es hier gehen wird, sind die täglichen Übergänge im Alltag und die mit ihnen verbundenen Alltagskrisen.

Dabei darf der Zusammenhang zwischen kleinen und großen Übergängen nicht ignoriert werden. Die Empfindungen von Geborgenheit und Gehaltensein vermitteln sich dem jungen Kind dadurch, dass es Sicherheit in seinen Beziehungen zu den vertrauten Personen erlebt. Dabei ist für das Kind wichtig, dass die Alltagsroutinen, die täglichen kleinen Übergänge und die Tagesrhythmik im Wesentlichen erhalten bleiben. Große krisenhafte Übergänge in der Familie wie die Trennung der Eltern, ein Todesfall, Arbeitslosigkeit oder sozialer Abstieg können aber dazu führen:

- dass es deutliche Einbrüche in der Verlässlichkeit und der Art und Weise der Abläufe in den Alltagsroutinen für das Kind gibt,
- dass Mutter, Vater und andere Bezugspersonen emotional weniger verfügbar für das Kind sind, weil sie mit schwerwiegenden Problemen belastet sind,
- dass Mutter, Vater und andere Bezugspersonen weniger auf die Signale des Kindes achten und diese gar nicht oder weniger passgenau beantworten.

Große und kleine Übergänge müssen somit von den pädagogischen Fachkräften oft gemeinsam betrachtet werden, als zwei Seiten einer Medaille. Wenn die Beziehungsbasis vom Kind als nicht hinlänglich stabil und sicher empfunden wird und auch die von ihm erlebten Alltagsabläufe instabil und unvorhersehbar sind, können Übergänge durch das mit ihnen verbundene Erleben von Diskontinuität tiefe und verstörende Erfahrungen für das junge Kind bedeuten. Die Welt kann dem Kind dann als ein unsicherer und beängstigender Ort erscheinen (Brooker 2008).

1.3 Mikrotransitionen und Pädagogik der Vielfalt

Wird die Thematik der Mikrotransitionen vor dem Hintergrund einer Pädagogik der Vielfalt betrachtet, stellt sich die Frage, ob die Gestaltung von Übergängen im Alltag unter bestimmten Voraussetzungen „irgendwie anders" gestaltet werden muss. Sehen die Übergänge im Alltag bei Kindern mit unterschiedlichem Entwicklungsstand bzw. mit kognitiven, sprachlichen oder motorischen Einschränkungen tatsächlich anders aus? Und welche Auswirkungen hat der kulturelle oder subkulturelle Hintergrund eines Kindes?

Bei der Begleitung von Kindern durch den Kita-Alltag mit seinen unterschiedlichen Übergängen ist vor dem Hintergrund der Vielfalt der Kinder insbesondere die „Verstehbarkeit von Abläufen" ein zentraler Aspekt. So muss sich die pädagogische Fachkraft responsiv darauf abstimmen, wenn Kinder auf der Basis ihrer kognitiven und sprachlichen Möglichkeiten Schwierigkeiten haben, Abläufe im Alltag zu verstehen, zu erfassen, abzuspeichern und nach und nach eine Flexibilität zu entwickeln. Manche Kinder benötigen eine intensivere Begleitung in den Übergängen, ein langsameres Tempo und auch den gezielten und ergänzenden Einsatz von Verstehenshilfen. Auch kulturelle Unterschiede und Werte-Orientierungen können das Verstehen erschweren. Die pädagogischen Fachkräfte fungieren hier als Brückenbauerinnen, die dem Kind beim Verstehen-Lernen der Abläufe eine Unterstützung geben.

Das Nicht-Verstehen der ganz normalen Abläufe ist die Herausforderung, der bei Kindern mit besonderen Bedürfnissen zu begegnen ist. Dabei geht es nicht um eine „Spezialbehandlung". Vielmehr sind die Kinder auf die Hilfen, die hier im Buch als unterstützend vorgeschlagen werden, in jedem Fall zwingend angewiesen. Oft stellt gerade der visuelle Bereich eine Stärke der Kinder dar, was ein positives Anknüpfen an diesen Zugang ermöglicht. Für alle Kinder bedeutungsvoll ist eine achtsame und responsive Gestaltung der Fachkraft-Kind-Beziehung. In den Beziehungen liegt der Schlüssel für Wohlbefinden und Stress-Entlastung des kleinen Kindes (Brooker 2008; O'Connor 2018). Aus diesem Grund soll im Folgenden – als Basis für die pädagogische Arbeit rund um die Mikrotransitionen – auf die große Bedeutung des Antwortverhaltens der pädagogischen Fachkräfte eingegangen werden: auf ihre Responsivität.

2. (Übergangs-)Stress reduzieren durch responsive Fachkraft-Kind-Beziehungen

Bei Säuglingen und Kleinkindern besteht in der institutionellen Betreuung oft eine hohe Stress-Belastung (Ahnert 2015). Dies konnte in Untersuchungen von Speichelproben von Kleinkindern nachgewiesen werden, bei denen auffällige Werte des Stresshormons Cortisol festgestellt worden sind. Im Regelfall zeigt der Cortisolspiegel folgenden tagestypischen Verlauf: Am Morgen kommt es zu einem Hoch, zum Nachmittag und Abend zu einem Abfall. Die Stressforschung hat jedoch gezeigt, dass dieser Abfall des Spiegels bei Kleinkindern in der institutionellen Betreuung in Krippe oder Kita oft deutlich geringer ausfällt als bei Kindern in Familienbetreuung.

Da auffällige Stresswerte in Hinblick auf die Gesamtentwicklung von Kindern als hoch bedenklich eingestuft werden, gibt dies Anlass zur Sorge. Dieser besorgniserregende Effekt vergrößert sich noch, wenn Kinder Einrichtungen von schlechter pädagogischer Qualität besuchen. Beunruhigend an diesen Ergebnissen ist zudem, dass auch Kinder, die sich in der Kita wohlzufühlen scheinen, teilweise auffällige Kurvenverläufe bezogen auf den Spiegel des Stresshormons Cortisol aufweisen.

> Ein achtsamer Umgang mit den Übergängen im Alltag basiert auf einer gut abgestimmten – responsiven – Fachkraft-Kind-Beziehung. Diese ist in einem besonders hohen Maße geeignet, Stress zu reduzieren.

Fachkräfte halten somit einen wichtigen Schlüssel zur Stress-Entlastung in den Händen: ihr abgestimmtes Antwortverhalten, ihre Responsivität! Der Begriff Responsivität geht auf den Begriff „reponsum", lateinisch = „Antwort", zurück. Das gut abgestimmte Antwortverhalten der Pädagogin auf das Kind stellt einen der Hauptwirkfaktoren in der pädagogischen Arbeit dar (Gutknecht 2015a). Pädagogische Fachkräfte beantworten die Signale von Kindern über alle Wege der Kommunikation: Sie treten in einen Dialog über das Atmen, das Berühren und Bewegen, über Gesten und Blicke, über Stimme, Vokalisation und Sprache. Dabei gilt: Je jünger Kinder sind, umso wichtiger ist der Berührungs- und Bewegungsdialog.

Die Bedeutung responsiver Verhaltensweisen geht unter anderem darauf zurück, dass eine gelingende emotionale Abstimmung der Fachkraft auf das Kind Anti-Stress-Hormone wie beispielsweise Oxytocin im Gehirn des Kindes aktiviert (Uvnäs Moberg 2016; Jansen & Streit 2015). Immer wenn die responsive Fachkraft ein hohes Maß an Wärme, Humor und Freundlichkeit zeigt, einen selbstverständlichen und gelösten Körperkontakt herstellt, die kindlichen Emotionen, Bewegungen und Lautierungen spiegelt und das Kind dies auch selbst als eine wohltuende, liebevolle Zuwendungssituation erfährt, werden in seinem Gehirn Anti-Stress-Hormone aktiviert und dadurch eine Stress-Antwort des Organismus in Form einer Cortisol-Ausschüttung gehemmt. Die pädagogische Fachkraft reguliert durch ihr abgestimmtes Antwortverhalten – durch ihre Responsivität – die emotionale Spannungslage des Kleinkindes und federt dadurch Stress ab.

Insbesondere die fürsorgliche Berührung und eine situationsangemessene Stimm-Modulation sind dabei bedeutungsvoll. Deshalb können auch die frühen Reim- und Berührungsspiele, die Zuwendung zum Kind ausdrücken, dazu beitragen, Stress zu reduzieren.

Da die täglichen Übergänge ein grundsätzliches Stresspotenzial für Kinder in sich bergen, benötigen pädagogische Fachkräfte ein professionelles Verständnis davon, wie Kinder und oft auch ihre Familienangehörigen im Zusammenhang mit einem Übergang unterstützt werden können (Allingham 2013). Dabei ist nicht nur die Beziehung der Pädagogin zum Kind, sondern immer der gesamte Beziehungskontext in den Blick zu nehmen: die Beziehungen der Fachkräfte zu den Eltern, aber auch die Beziehungen der Fachkräfte untereinander im Team. Spannungen zwischen den Erwachsenen werden von Kindern sensibel wahrgenommen und können den Gesamtprozess des Vertrauensaufbaus in Übergängen tiefgreifend stören. Zum professionellen Auftrag der pädagogischen Fachkräfte gehört die Verwirklichung einer responsiven Beziehungsgestaltung gegenüber Eltern und im Team.

Kleinkindpädagogik muss darauf ausgerichtet sein, Stress zu reduzieren, was durch responsive Beziehungen erreicht wird. Daneben ist eine grundsätzliche Reduktion von möglichen Stressoren im Alltag anzustreben, d. h. ein Vermeiden von institutioneller Eile und Hektik. Dies erfordert eine sehr genaue Analyse aller Alltagsroutinen und der mit ihnen verbundenen „Drehbuch-Skripts“ in ihrem gesamten Anforderungsprofil. Denn diese Situationen wiederholen sich Tag für Tag und prägen den Alltag des Kindes.

3. Mikrotransitionen und ihr Bildungspotenzial

Kinder bauen zu den Alltagsroutinen, die sich in der Kita und auch zu Hause regelmäßig wiederholen, sogenannte „Skripts" auf (Gutknecht 2015a) – ähnlich wie bei einem Drehbuch für einen Film. Sie lernen, dass es für viele Situationen einen ganz typischen Handlungsplan gibt, eine Art Drehbuch, z. B. zur Garderobensituation in der Kinderkrippe, aber auch zur Mahlzeit, zum Waschraum oder zum Spielen. Bestandteil dieses Skripts sind immer auch die Mikrotransitionen in die neue Situation hinein und wieder heraus.

Durch die täglichen Wiederholungen verinnerlicht das Kind die Handlungsabläufe so, dass es ihm möglich wird, den weiteren Verlauf zu erwarten oder zu kennen. Es ruft diese Skripts dann zunehmend selbstständig ab. Erst nach und nach lernen Kinder dabei, sich auf Änderungen in den Abläufen einzustellen und ein in gewisser Weise „flexibles Skript" zu entwickeln:

Beispiel | Frau Sommer ist am Nachmittag mit den Kindern draußen. Als die zweijährige Alissa abgeholt wird, kommt es zu einem längeren Gespräch mit der Mutter. Da sich dadurch die Rückkehr der Gruppe nach drinnen verzögert, instruiert Frau Sommer den Rest der Kinder ausnahmsweise: „Heute könnt ihr eure Schuhe ruhig anlassen!" Einige nehmen diese Änderung des üblichen Ablaufs tatsächlich auf und behalten ihre Schuhe an. Andere spulen aber ganz automatisch ihr reguläres Skript ab. Sie setzen sich hin und ziehen die Schuhe aus. Frau Sommer reagiert nun leicht gereizt: „Ich meinte doch, Schuhe anlassen!" Dieser Tonfall löst Unruhe bei Tobias, 23 Monate, aus, sodass er zu weinen beginnt. Sein Weinen signalisiert nun auch Lena, 20 Monate, sowie Mia, 21 Monate: Irgendetwas ist nicht in Ordnung! Auch sie fallen in das Weinen ein. Im Nu muss Frau Sommer eine Kleingruppe von Kindern emotional regulieren.

Kinder darin zu unterstützen, ein Skript aufzubauen, bedeutet einen längeren Entwicklungsprozess. Wurde ein Skript gebildet, stellt es ein weiteres Ziel dar, auch einen flexiblen Umgang mit Skripts zu fördern. Gut gestaltet, bieten Alltagsroutinen und Mikrotransitionen ein hohes Lernpotenzial – gerade in Hinblick auf die Entwicklung von Selbstregulation und Kompetenzen im Bereich der Selbstpflege oder Selbstfürsorge.

3.1 Wahrnehmung – Gedächtnis – Sprache

Skripts zu den Alltagsroutinen werden von jungen Kindern sinnlich verankert: Gerüche, Farben und Formen, die zugehörigen Geräusche und Klänge sind dann mit der jeweiligen Situation verbunden. Das Wahrgenommene wird im Gedächtnis abgespeichert und kann zunehmend besser vom Kind abgerufen werden. Auch die Bewegungs- und Berührungsinteraktion zwischen Fachkraft und Kind spielt eine große Rolle beim Skriptaufbau. Kinder lernen dabei die regelmäßig von den Fachkräften verwendeten Gesten und die typischen Bewegungsabläufe beim An- und Ausziehen, beim Wickeln, bei den Mahlzeiten kennen.

Deshalb besteht eine Aufgabe des Teams darin, ein gemeinsames Grundrepertoire an Gesten zu entwickeln und die Bewegungen untereinander abzustimmen, die bei allen Assistenzhandlungen verwendet werden. Dieses Vorgehen erleichtert dem Kind nicht nur den Skriptaufbau, sondern es kann durch die beständigen Wiederholungen auch Handlungen wie z. B. das An- und Ausziehen besser mitverfolgen und zunehmend mehr partizipieren. Zusätzlich werden die im Kontext eines Skripts gesprochene Sprache und die typischen Sätze mit den Handlungsabläufen verbunden. Darum bieten diese Situationen ein umfassendes Feld für (vor-)sprachliche Bildung. Insbesondere zwei Strategien empfehlen sich hier für pädagogische Fachkräfte (siehe Kasten).

1. Self Talking
Die Fachkraft benennt alles, was sie selbst macht. Sie kündigt ihre Handlungen an und erläutert, was sie tut. Dabei achtet sie sorgfältig darauf, dass das Kind ihren Worten und Gesten aufmerksam folgt. Damit diese Strategie Erfolg hat, müssen die gesprochenen Worte der pädagogischen Fachkraft genau passend auf den aktuellen Aufmerksamkeitsfokus des Kindes abgestimmt sein. Aus diesem Grund ist es oft gar nicht so günstig, dem Kind z. B. beim Wickeln etwas zum Spielen in die Hand zu geben. Denn das Kind kann den Aktivitäten dann nicht mehr aufmerksam folgen.

2. Parallel Talking
Die Fachkraft benennt und versprachlicht alles, was das Kind macht. Dabei orientiert sie sich ganz am Aufmerksamkeitsfokus des Kindes. Interaktionen, in denen die gesprochenen Worte des Erwachsenen und die Aufmerksamkeit des Kindes „auseinanderfallen", sind nicht ausreichend wirksam im Bereich der sprachlichen Bildung.

Beide Strategien eignen sich besonders, wenn Kinder noch gar keine oder erst minimale aktive Sprache zeigen. Sie bleiben jedoch auch nach dem Sprachbeginn noch lange höchst wirkungsvoll, denn sie helfen dem Kind, Bedeutungen zu erfassen. Barbara Zollinger spricht in diesem Zusammenhang von der wichtigsten Aufgabe des Erwachsenen bei der Begleitung des Spracherwerbs: der Welt eine Bedeutung geben (Zollinger 2015).

3.2 Entwicklung von Selbstpflegekompetenzen

In den Alltagsroutinen wie essen und trinken, schlafen und ruhen, an- und ausziehen oder wickeln erleben Kinder alle Handlungsvollzüge, die zu einer Situation gehören, und bauen ein Skript dazu auf. Auch vor- und nachbereitende Handlungen im Bereich der Übergangsgestaltung fließen hier mit ein. Eine Situation wie das An- und Ausziehen kann deshalb eine intensive Lern- und Bildungserfahrung für das Kind bieten. Je besser so eine Situation vorbereitet wird, umso stärker unterstützt dies die Interaktion zwischen Fachkraft und Kind.

Bezogen auf die Entwicklung von Selbstfürsorge oder Selbstpflege kommt es z. B. zu folgenden Gesprächsthemen:

- Wahl der Kleidung: Ist mir warm oder ist mir kalt? Wie dick oder dünn gekleidet kann ich nach draußen gehen?
- Zu Hunger- und Durstgefühlen: Bin ich hungrig oder bin ich satt? Bin ich durstig?
- Zum wunden Po, der beim Wickeln gespürt wird: Das tut weh! Da muss Creme drauf!

Diese Interaktionen finden zwischen der Fachkraft und einem Kind oder einer Kleinstgruppe von Kindern statt. Muss die Fachkraft eine Großgruppe von Kleinkindern managen, wird sie oft eher instruktiv vorgehen: „Nimm dir etwas auf deinen Teller! Zieh dich endlich an!" In der Rolle einer „Dompteurin" unterbleiben dann die wichtigen Austauschprozesse zur Entwicklung von Selbstpflegekompetenzen. Solche instruktive Sprache ist zudem weniger geeignet, den Wortschatz zu vergrößern.

Stärkung der Selbstregulation und des Zeitgefühls

Kleinkinder können sich noch nicht selbst regulieren, sie brauchen dafür einen Erwachsenen oder eine Erwachsene, der/die mitreguliert. Dies wird als Ko-Regulation bezeichnet. Die vielen kleinen Handreichungen, die liebevollen Gesten, das beruhigende Singen, das Wippen in den Knien mit dem Kind auf dem Arm – all das sind Regulationshilfen, die Fachkräfte kleinen Kindern geben. Sie unterstützen Kinder darin, sich immer besser selbst zu regulieren. Je besser Kinder dabei das Drehbuch-Skript einer Situation kennen, je besser sie es in all seinen Teilschritten und -elementen abgespeichert haben, umso vorhersehbarer erleben sie den Alltag in der Kita. Auch dieser Prozess profitiert von einer sprachlichen Begleitung enorm. Da bei der Gestaltung von Mikrotransitionen die drei Zeitpunkte – vor der Transition, währenddessen und nachher – relevant sind, kann die pädagogische Fachkraft sich in ihrer begleitenden Sprache bei den Alltagshandlungen auf diese drei Zeitpunkte beziehen. So unterstützt sie die Kinder beim Spracherwerb, wenn sie angepasst an das Sprachverständnis des Kindes über das spricht, was vorher war, was jetzt ist, und über das, was sich gleich ereignen wird.

Den Übergang mit den drei Zeitebenen sprachlich begleiten

Vergangenheit: Situation vor dem Übergang

Du hast ja gerade mit den Bausteinen gespielt …

Wir haben ja gerade Mittag gegessen …

Gegenwart: was jetzt passiert

Wir ziehen jetzt zusammen deine Hose aus.

Ja, du schaust in mein Gesicht! Du willst es berühren!

Zukunft: Situation nach dem Übergang

Gleich werden wir …

Was denkst du, sollen wir gleich …?

Wenn ich dich gewickelt habe, gehe ich mit dir zurück zum Spielen.

Eine sprachliche Begleitung, in der die Vergangenheit, die Gegenwart und die Zukunft thematisiert wird, fördert nicht nur die Sprache, sondern stärkt auch das Zeitgefühl des Kindes. Die Vorhersehbarkeit zentraler Elemente des Alltags ist emotional bedeutsam, um ein Gefühl von Sicherheit, Vertrauen, Zuverlässigkeit und Zugehörigkeit zu entwickeln und sich damit zunehmend besser selbst zu regulieren.

Ein Team aus pädagogischen Fachkräften unterstützt Kinder beim Erwerb dieser Skripts dadurch, dass jede Fachkraft die Alltagsroutinen in ähnlicher Weise gestaltet. Durch ein solches Vorgehen können auch Schichtwechsel und andere personelle Veränderungen deutlich besser vom Kind verkraftet werden. Das Gefühl „aufgehoben zu sein" kann sich dadurch verstärken. Wenn sich beim Kind am Tag oft das Gefühl einstellt „Ja, ich kenne mich hier aus!", bewegt es sich mutig und mit einem Grundgefühl der Sicherheit und Selbstwirksamkeit in der Kita. Gerade in der Pikler Säuglings- und Kleinkindpädagogik sind diese Prinzipien früh erkannt und sorgfältig umgesetzt worden (siehe Kasten).

Die Choreografie der Pflege in der Pikler-Pädagogik

In der Pikler-Pädagogik setzen pädagogische Fachkräfte eine sogenannte Choreografie der Pflege um. Die pädagogischen Fachkräfte gestalten die Abläufe in ihren unterschiedlichen Teilelementen ähnlich: Sie verwenden einen ähnlichen Berührungs- und Bewegungsstil, ähnliche Gesten, ähnliche Formen der sprachlichen Beantwortung. Dadurch baut sich bei den Kindern sehr schnell eine Sicherheit in den Alltagsskripts auf und die Vorhersehbarkeit in den Abläufen steigt, was den Stress kleiner Kinder in Kita oder Kinderkrippe deutlich zu reduzieren vermag (Gutknecht & Bader 2018).

Gut aufeinander abgestimmtes Handeln des Teams ist wichtig, um die Kinder darin zu unterstützen, mit Wechseln und Veränderungen im Alltag umzugehen. Dabei ist das Ziel, dass Kinder nach und nach die nötige Flexibilität für den Umgang mit Übergängen aufbauen. Die Kontinuität, die zunächst hergestellt werden soll, stellt die Voraussetzung dar, dass Kinder irgendwann auch mit Diskontinuität besser umgehen können. Das Vertrauen in eine sichere Basis birgt die Möglichkeit dieser Weiterentwicklung.

3.3 Spannung von Kontinuität und Diskontinuität

Durch immer gleich gehaltene Abläufe lernen Kinder Skripts aufzubauen und werden zunehmend sicherer in der Kita. Mit dieser Sicherheit werden sie meist auch mutiger, beginnen zu variieren und sich stolz und entspannt in der Einrichtung zu bewegen. Die gewonnene Sicherheit sollte dabei nicht zu starren Abläufen führen. Vielmehr gilt es den Kindern zunehmend zu ermöglichen, in vielen Situationen auch flexibles Verhalten zu zeigen. So ist nicht nur Kontinuität bedeutsam, sondern in wohldosierter Form auch Diskontinuität, da sie für Flexibilität, für Wandel und Entwicklung steht. Kontinuität und Diskontinuität fungieren deshalb als zwei Seiten einer Medaille: Je unsicherer Kinder sind, umso mehr benötigen sie die Sicherheit der immer gleichen Abläufe und umso eher geraten sie in einen dysregulierten Zustand, weinen und schreien und müssen von der pädagogischen Fachkraft beruhigt werden.

Die Responsivität der Fachkraft zeigt sich darin, wie gut sie einschätzen kann, ob kleine Veränderungen oder Variationen bereits möglich sind. Da Flexibilität sich in keinem Fall erzwingen lässt, wenn das Kind noch nicht bereit dafür ist, sollte die Initiative für Variation möglichst vom Kind ausgehen.

Das Erleben von Kontinuität gilt als ein überaus wichtiger Ansatzpunkt für das Wohlgefühl von Kindern in einer Kita, ja sogar oft als ein eigener Qualitätsfaktor. Eine allein an Kontinuität orientierte Kleinkindpädagogik mit festgelegten Abläufen und Regeln geht jedoch nicht automatisch mit intensiven und starken Fachkraft-Kind-Beziehungen einher. Dies muss aber gewährleistet sein, um von hoher Qualität sprechen zu können. Viele Kinder benötigen lange, bis sie sich flexibel auch auf andere Übergänge einstellen können, denn dazu müssen sie das Skript einer Mikrotransition tief in sich verankert haben. Wenn dieser Zeitpunkt da ist, fangen manche Kinder an, die Abläufe zu verändern, und warten gespannt auf die Reaktion des Erwachsenen.

Beispiel | Lucy weiß, dass Frau Baumann beim Anziehen den Strumpf immer zuerst über den rechten Fuß anziehen möchte, und streckt absichtlich – mit einem vieldeutigen Lächeln – den linken Fuß hin. Lucy verändert also den üblichen Ablauf, das Skript, und wartet gespannt auf die Reaktion der Pädagogin.

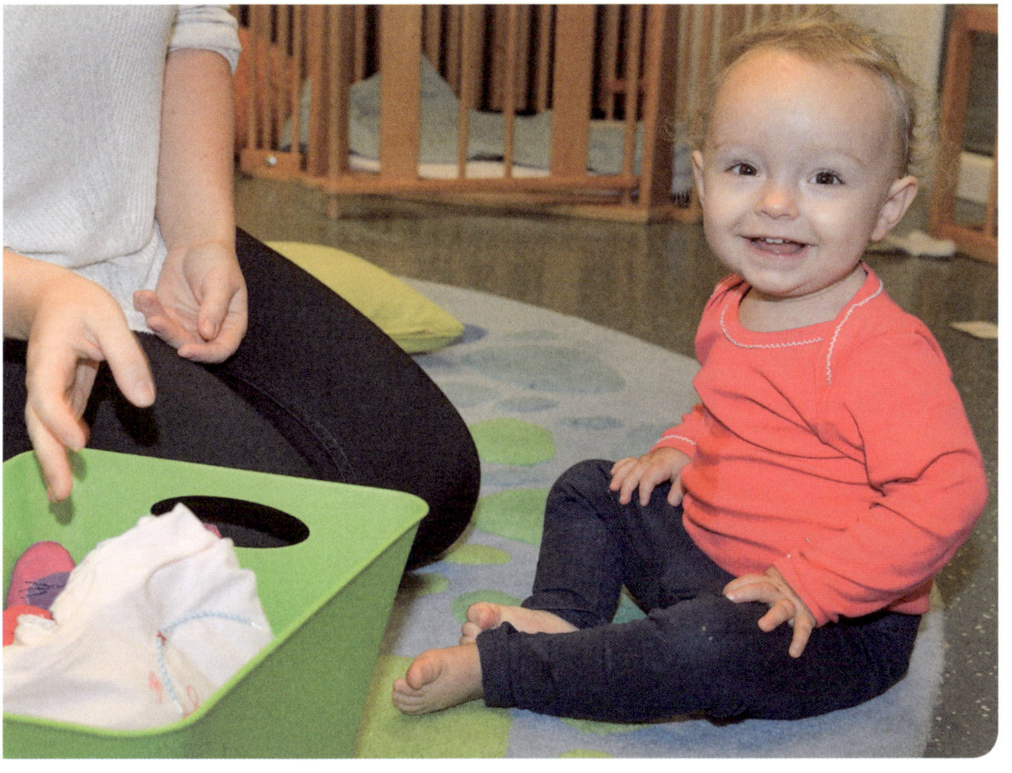

Das Erleben von Kontinuität wird heute als ein überaus wichtiger Ansatzpunkt für das Wohlgefühl von Kindern in einer Einrichtung angesehen.

Manchmal reagieren Fachkräfte äußerst gereizt, wenn Kinder sehr lange an Abläufen festhalten und sich keinerlei Flexibilität einstellen will: „Wir machen es jetzt schon so, seitdem er in die Kita gekommen ist … und wirklich immer auf die gleiche Weise, doch schon bei den allerkleinsten Abweichungen gibt es massives Geschrei!"

Es gehört zur regulären Entwicklung, dass Kinder lange die Regelmäßigkeit bevorzugen. Fachkräfte, die Routinen vorschnell ändern, erleben Kinder, die vollkommen außer sich geraten. Dadurch wird keine Fähigkeit zur Flexibilität aufgebaut. Wiederholende Ankündigungen und visuelle Unterstützung können manchen Kindern notwendige Änderungen erleichtern.

4. Singen und Reimspiele: Brücken für den Übergang

Stress und Angst wirken sich auf die Gehirnentwicklung des kleinen Kindes äußerst negativ aus. Sie verändern die neuronale Struktur des Gehirns und bleiben im Körpergedächtnis verankert. Eine stressmindernde, regulative Wirkung hat insbesondere das Singen mit dem Kind. Während es bei einer Emotion wie Angst zu einer Anspannung der Muskulatur und zu einer flachen Atmung kommt, werden beispielsweise beim Singen genau die gegenteiligen Prozesse ausgelöst:

- Der Herzschlag rhythmisiert sich,
- die Atmung vertieft sich,
- die Muskulatur entspannt sich,
- der Körper wird warm.

Musikalische Interventionen wie das Singen von Liedern sind daher oft günstig bei der Gestaltung von Mikrotransitionen. Viele Stimm-, Berührungs- und Bewegungsspiele, die Kinder in Krippe oder Kita erleben, enthalten ein Muster von Spannungsaufbau, Spannungsabbau und Ruhe (Gutknecht 2015a). Das Kind wird dadurch von der Fachkraft auf einer Art Spannungskurve des Atems, der Stimme, der psychischen Erwartung mitgenommen. Im gemeinsamen Lösen der Spannung liegt das Vergnügen (Papoušek 2003). In einer Atmosphäre der Freude können über die Musik intensive Glücksgefühle ausgelöst werden, der sogenannte Flow entsteht (Csikszentmihalyi 2017). Auch Reimspiele, verstärkt durch liebevolle Berührungen, sind geeignet, Stress zu reduzieren. Bailey (2009) betont dabei den Wert positiver, bejahender Aussagen, Berührungen und Worte, die Freude, Wertschätzung und Zuwendung zum Ausdruck bringen. Einmal erlebt, werden Reime und Verse immer wieder vom Kind eingefordert.

4.1 Mit Transitionsliedern arbeiten

Mikrotransitionen gelten meist gerade deshalb als schwierig, da Kinder oft nicht wissen, welche Erwartungen in den Übergängen an sie gestellt werden. Das kann Alltagssituationen kompliziert machen und Verhaltensprobleme nach sich ziehen. Besonders wenn Kinder sehr vertieft in ihr Spiel sind, fällt es ihnen oft überaus schwer, diese Tätigkeit zu unterbrechen oder zu beenden und sich auf etwas anderes einzustellen. Mit dem Erklingen eines bestimmten Klangs oder einer Melodie kann bei vielen Kindern eine deutlich höhere Bereitschaft zur Kooperation erreicht werden. Ein gut gewähltes Lied macht einen selbstständigen Übergang oft überhaupt erst möglich.

Das Lied kann als eine Brücke fungieren, auf der sich das Kind hin zur nächsten Aktivität bewegt. Insbesondere ein Lied mit einer genau zur Situation passenden Textaussage macht Kindern bestimmte Situationen verständlicher. Indem Singzeilen, Lieder und Töne bei regelmäßigem Einsatz eine bestimmte Situation repräsentieren, weiß das Kind irgendwann ganz genau: „Immer, wenn ich diese Zeile, diesen Klang, dieses Lied höre, dann räumen wir auf, geht es zum Essen, zum Schlafen."

Ein Lied oder ein Klang kann somit Aufmerksamkeit fokussieren und als soziales Signal wirken, wodurch Handlungsabfolgen viel leichter abgerufen werden. Klänge können sogar helfen, Nähe und Distanz, Trennung und Verbundenheit symbolisch auszudrücken. Auch Stimmungen können hier musikalisch aufgegriffen werden. So kann beispielsweise bei trauriger Stimmung des Kindes eine traurige und bei fröhlicher Stimmung eine fröhliche Melodieführung gewählt werden. Möglich ist aber auch ein kompensatorischer Umgang mit Liedern, d. h. etwa bei Unruhe keine Wahl einer lebhaften, sondern einer beruhigenden Melodie.

Eine sehr wichtige Entscheidung trifft die Fachkraft hinsichtlich der vom Lied transportierten Spannungslage: Soll es einen Spannungsabbau unterstützen wie bei der Mikrotransition vom Essen zum Schlafen oder beispielsweise nach dem Mittagsschlaf die Spannung behutsam wieder aufbauen helfen? Gesang oder eine sanfte Klanggeschichte beruhigen nicht nur ein aufgedrehtes Kind, sondern wirken auch auf die singende Fachkraft selbst zurück: Während ich singe, beruhige ich mich, während ich höre, entspanne ich mich!

> Für verschiedene Mikrotransitionen geeignete Lieder finden Sie in diesem Buch im Kapitel 6. Auf Seite 111 befindet sich auch eine Liste mit entsprechenden Links, um sich die Lieder im Netz anhören zu können.

4.2 Musik und Reimspiele mit Bedacht einsetzen

Im Gegensatz zu Augen oder Mund können Ohren nicht einfach geschlossen werden. Kinder und Erwachsene sind Klängen und Tönen darum immer auch „ausgesetzt". Deshalb muss in der institutionellen Gruppenbetreuung sorgfältig reflektiert werden, ob Musik von allen auch gut „ausgehalten" werden kann.

Wenn ein Teil der Kindergruppe mit einem Lied zu einer Aktivität abgeholt wird, so kann dies andere Kinder ablenken und aus dem konzentrierten Spiel herausreißen.

Verse können in vielen Situationen ohne Klang eingesetzt werden, so etwa in Form von Tischsprüchen zu Beginn einer Mahlzeit. Gerade in der Arbeit mit Kleinkindern kann es aber auch wichtig sein, mit der Mahlzeit zu beginnen, sobald die Kinder ihr warmes Essen auf dem Teller haben. Hier müssen die Fachkräfte abwägen, ob der Einsatz eines Verses die Atmosphäre positiv auflädt und das Gruppengefühl stärkt oder ob ein anderes Prozedere günstiger wäre.

Der Einsatz von Kinderversen und Kinderliedern ist in vielen Familien im Eltern-Kind-Dialog gerade auf dem Wickeltisch verbreitet. Für die Pflegesituationen in der Kita ist eine Orientierung an einem solchen Familien-Skript in der Regel nicht sinnvoll. Oft geht mit der Forderung nach der Umsetzung eines solchen Skripts eine Überforderung der Fachkräfte einher. Diese bauen mit dem Einsatz von Versen und Liedern ein Skript beim Kind auf, an dem das Kind täglich festhalten möchte und das es dann auch einfordert. Bei der Anzahl an Kindern, die täglich mehrfach zu wickeln sind, berichten Fachkräfte aber vielfach von der hohen stimmlichen Anstrengung bei so einem Vorgehen. Die Orientierung an einem Skript aus dem Familienalltag, das sich dann im Berufsalltag als zu anstrengend und überfordernd erweist, hat nicht selten zur Folge, dass erst recht sehr wenig mit den Kindern in der Pflegesituation interagiert und gesprochen wird.

Oft fehlt den Fachkräften eine Art Alternativ-Skript für die Wickel-Situation, mit dem sie das Kind so durch die Wickelsituation führen können, dass dem Kind Partizipation möglich ist. Vielfach agieren Fachkräfte beim Wickeln ohne jede Schulung schlicht „nach Gefühl". Neue Fachkräfte sollten daher eingewiesen werden und eine Beziehung zum Kind aufbauen, bevor sie wickeln dürfen.

5. Mikrotransitionen beim Wechsel von Räumen

Räume können die Abläufe von Mikrotransitionen erheblich erschweren, denn Kinder bauen über einen längeren Prozess der Raumentdeckung erst nach und nach eine Orientierung in Räumen auf. Große, aber auch kleine Räume haben dabei jeweils ihre ganz eigenen Herausforderungen. Auch wenn Treppen und Flure zu überwinden sind, kann dies Mikrotransitionen deutlich schwieriger machen.

Die Planung und Umsetzung einer Mikrotransition wird durch eine Gliederung des genauen Ablaufs sehr viel einfacher. Gedanklich entsteht dadurch eine Art Landkarte, auf welcher die entsprechenden Stationen, Ankerplätze, Haltestellen und Wege eingezeichnet sind. Je schwieriger die räumlichen Gegebenheiten, umso wichtiger ist es für ein Team, eine solche Planung anhand einer aufgezeichneten Skizze vorzunehmen. Mithilfe eines Grundrisses der Räumlichkeiten können die unveränderbaren Elemente wie Schränke darin vermerkt und der aktuelle Übergang eingezeichnet und diskutiert werden. Dieses Vorgehen ermöglicht es, über einen gemeinsamen Reflexionsprozess überflüssige Stationen und Wege sowie Orte herauszufinden, an denen ungünstige Wartezeiten oder Staus entstehen.

Der neu entwickelte Ablauf der Mikrotransition wird nun ebenfalls in einen leeren Grundriss eingezeichnet. Ergänzend sollte der Ablauf in knappen Worten schriftlich festgehalten werden. Die dokumentierten Vereinbarungen können so bei Bedarf wieder herangezogen und ggf. neu geregelt werden. Zudem stellt dieses Vorgehen eine Arbeitshilfe für Neueinstellungen und Praktikantinnen dar, die sich über die schriftlichen Formate einen ersten Überblick über die Abläufe in der Kita verschaffen können.

5.1 Stationen, Wege, Haltestellen und Ankerplätze

Im Folgenden sollen die räumlichen Bezugspunkte genauer betrachtet werden.

Stationen

Im Prozess des Übergangs werden diejenigen Orte als Stationen bezeichnet, an denen die Kinder einer Tätigkeit nachkommen, die direkt zur Mikrotransition gehört. Im Übergang vom Essen zum Schlafen könnten z. B. das Aufräumen des Geschirrs, das Reinigen von Händen und Gesicht, das Ausziehen am Ankerplatz und das Wickeln diese Stationen darstellen.

Wege

Der Begriff Wege bezeichnet die Wege zwischen den Stationen, Haltestellen oder Ankerplätzen, die sorgfältig auf mögliche Schwierigkeiten hin analysiert werden müssen.

Typische Herausforderungen „auf dem Weg" sind Türen und Treppen, lange Flure und um die Ecke gehen zu müssen.

Haltestellen

Unterstützend für längere Wege wirkt die Einführung von Haltestellen, die eine kurze Wartezeit beinhalten wie das kurze Warten vor der Tür zum Treppenhaus. In Abgrenzung zum Warten an einem Ankerplatz stellen die Haltestellen nur kurze Unterbrechungsmomente im Ablauf dar. Von den Teams ist mit Blick auf die Regulationsherausforderungen und die Wartezeit(en) innerhalb des Gesamtablaufs zu entscheiden, ob auch die kurzen Haltestellten in einer besonderen Weise ausgestattet werden müssen. Zum Beispiel können Bilder von den Kindern und Fachkräften an der Wand ein kurzes Warten erleichtern.

Ankerplätze

Durch das Einrichten von sogenannten Ankerplätzen (Kramer & Gutknecht 2016) können sich unvermeidliche Wartezeiten insbesondere beim Wechsel von Aktivitäten in „Wohlfühl-Zeiten" verwandeln. Ankerplätze stellen dabei gut einsehbare und in charakteristischer Weise hergerichtete Orte in der Einrichtung dar, die zum Verweilen einladen. Das können Sofas und Kuschelecken, Leseplätze, Kinderbänke und Teppiche sein. Indem die Ankerplätze mit einem Symbol (z. B. einem Poster) gekennzeichnet werden, können Kinder sie visuell eindeutig wahrnehmen. Charakteristisch für Ankerplätze sind die vorbereiteten und für den Übergang angemessenen Spiel- und Materialangebote, welche Kinder in der Wartezeit nutzen dürfen.

An Ankerplätzen gelten zudem transparente Regeln, die die Tätigkeiten der Kinder steuern. Ein Ankerplatz „unterstützt das Kind darin, selbstgesteuerte Regulationsstrategien für das Warten aufzubauen und hält damit die gesamte Situation auf einem angemessenen Erregungsniveau" (Kramer & Gutknecht 2016: 46). Auch mit Zonierungselementen abgegrenzte Bereiche – z. B. Holzgitter zum Trennen von Spiel- und Essbereich, wie sie vielfach in der Pikler-Pädagogik empfohlen werden (Gutknecht & Bader 2018), können als Ankerplätze genutzt werden. Hier steht das selbst gesteuerte Spiel mit Alltagsgegenständen im Vordergrund. Wichtig ist die Festlegung der Funktion des jeweiligen „Ankerplatzes" im Team: Wie soll dieser Ort aussehen? Welche pädagogische Begleitung findet hier statt? Und welche Tätigkeiten sollen angeboten werden?

Die Fachkräfte sollten die notwendigen Stationen und auch Wege auf der Landkarte der Mikrotransition regelmäßig miteinander reflektieren. Dies gilt ganz besonders dann, wenn ihnen „Staus" oder andere Hindernisse auffallen. Manchmal müssen Veränderungen am Ablauf, an der Gestaltung von Stationen und Wegen vorgenommen werden, weil z. B. ein neues jüngeres Kind zur Gruppe hinzugekommen ist. Meist reicht hier eine kritische Analyse der Wege und Stationen aus, um das Kind über eine feine Nachjustierung oder entsprechende Begleitung zusätzlich zu unterstützen.

5.2 Ankerplätze als Antwort auf die Herausforderung des Wartens

Warten, bis alle gewickelt wurden, bis alle angezogen sind, warten auf das Essen … oft sind Übergänge in Kinderkrippen oder Kitas so gestaltet, dass sie mit erheblichen Wartezeiten für die Kinder verbunden sind. Insbesondere wenn nicht mit Gruppenteilungen gearbeitet wird oder keine klaren Regeln zur Vermeidung von Wartezeiten gelten. Nach Malenfant (2006) sollten Wartesituationen in Kitas das Unvermeidbare nicht übersteigen. Kleinkinder lernen erst nach und nach Strategien für Wartesituationen aufzubauen. Sie verfügen zudem nicht über das gleiche Verständnis von Zeit und auch nicht über die motorischen wie kognitiven Grundlagen, um lange Wartezeiten im Verständnis eines Erwachsenen auszuhalten. Dies gilt insbesondere für Situationen, die schwierig zu regulieren sind, wie z. B. bei Hunger, Müdigkeit, Freude, hohem Spielinteresse, Ärger oder Langeweile. Wartezeiten sind im Alltag oft nicht zu vermeiden, dennoch sollen Kinder in entwicklungsangemessener Weise die Herausforderungen rund um das Warten meistern lernen dürfen. Die Aufgabe der Fachkräfte in Kitas besteht somit darin, unvermeidbare von vermeidbaren Wartezeiten zu unterscheiden und eine responsive Begleitung zum Strategieaufbau für Wartezeiten anzubieten.

Tipp | Zählen sie einmal alle Wartezeiten für die Kinder im gesamten Tagesablauf zusammen und besprechen Sie im Team das Ergebnis. Verringern Sie wo immer möglich die Wartezeiten.

Ein Ankerplatz als Dreh- und Angelpunkt des Gesamtablaufes

Für die Planung mancher Mikrotransitionen ist es sinnvoll, den Ankerplatz zum Mittelpunkt des Geschehens zu erklären. Hier beginnen die umliegenden Stationen und führen auch wieder dorthin zurück. Die Kinder wissen so immer, wohin sie gehen sollen, wenn sie eine Station beendet haben und kurz warten müssen, um an der nächsten Station teilnehmen zu können. Wichtig ist jedoch, dass dieser Ankerplatz interessantes Spielmaterial enthält, zum größten Teil von einer Fachkraft begleitet wird und nur wenige Kinder gleichzeitig warten.

Zusammenlegen von Ankerplatz und Station

Die begleitende Fachkraft kann neben der Wartebegleitung auch eine für den Ablauf wichtige Tätigkeit wie z. B. das Ausziehen zum Schlafengehen arrangieren. „Während die Fachkraft jeweils einem Kind den Kontakt durch beziehungsvolle Assistenz beim Ausziehen ermöglicht, sind auch die anderen Kinder dank des ‚Ankerplatzes' und dem darin enthaltenen ausgesuchten Tätigkeitmaterial versorgt – die Stimmung bleibt ruhig, und bei Bedarf kann die Fachkraft den Rahmen des Ankerplatzes über leise Hinweise erneut in Erinnerung rufen" (Kramer & Gutknecht 2016: 47).

Mehrere Ankerplätze – an jeder wichtigen Station

Je nach Raumbeziehung, Raumgröße und zurückzulegenden Wegen kann es von Vorteil sein, an jeder wichtigen Station einen Ankerplatz einzupassen. Auf diese Weise kann eine Station – wenn notwendig – von mehreren Kindern besucht werden. Gerade personelle Engpässe erfordern oft das Installieren von mehreren Ankerplätzen im Übergang. In den ersten Wochen des Kitabesuchs sollte sich ein Skript durch klare Regeln, gut vorbereitete Umgebungsgestaltung und eine erhöhte sprachliche Begleitung aufbauen.

Ankerplätze für Kinder unter 14 Monaten

Für Kinder unter 14 Monaten müssen die Ankerplatz-Regelungen entwicklungsangemessen gestaltet werden, denn gerade das Einhalten von offenen Ankerplatzgrenzen ist oft noch zu schwierig. Hier gilt es zu überlegen, ob die Kleinsten zugunsten eines besseren Ablaufs von den Großen getrennt werden sollten. In jedem Fall brauchen die jüngeren Kinder die intensivere Begleitung durch die pädagogische Fachkraft und Materialien, die für ihren Entwicklungsstand geeignet sind. Abgetrennte Zonierungsbereiche nach Pikler könnten hier eine Lösung darstellen. Wenn den Kleinsten andere Bedingungen angeboten werden, benötigen die Größeren dafür außerdem eine Erklärung, mit der ihr Entwicklungsvorsprung und ihre Kompetenzen positiv hervorgehoben werden.

5.3 Problemanalysen und Lösungsstrategien

Für die gelingende Gestaltung von Mikrotransitionen müssen die Abläufe für die Kinder transparent eingeführt werden und sich regelmäßig wiederholen, damit ein Skript von der Mikrotransition aufgebaut werden kann. Im Praxisalltag ergeben sich jedoch oft Schwierigkeiten in Bezug auf die räumlichen Gegebenheiten, auf die im Folgenden eingegangen werden soll.

Zu viele Teilschritte: Stationen auf ihre Notwendigkeit überprüfen

Je mehr Wege und Unterbrechungen die Kinder bewältigen müssen, umso schwieriger wird es sowohl für die Kinder als auch für die Fachkräfte, den Ablauf zu überblicken.
Das Team muss deshalb entscheiden, welche Stationen für das Gelingen des Übergangs wirklich wichtig sind und an welchen Ort bzw. zu welcher Zeit und in welchem Zeitrahmen sie stattfinden sollten. Beispielsweise ist das Wickeln der Kinder vor dem Schlafengehen dann unverzichtbar, wenn die Windel voll ist. Müssen zehn Kinder innerhalb der Mikrotransition vom Mittagessen zum Schlafengehen gewickelt werden, nimmt dies viel Zeit ein und erfordert womöglich eine höhere Wartetoleranz bei den übrigen Kindern und Fachkräften.
Daher bietet es sich eventuell an, die Kinder oder einen Teil der Kinder schon vor dem Mittagessen zu wickeln, um vor dem Schlafengehen nur noch nach Bedarf wickeln zu müssen.

Komplizierte Abläufe: ändern oder vereinfachen

Das Weglassen, Umdeuten oder Verlegen von Stationen kann bei der Planung sinnvoll sein, wie das Zähneputzen als ein Beispiel für eine typische „Baustelle" in der Gestaltung von Mikrotransitionen zeigt.

Beispiel | In der Konzeption der Kita Wunderland – die seit den 90er-Jahren kaum an aktuelle pädagogische Standards angepasst wurde – ist festgelegt, dass die tägliche Zahnhygiene der Kinder (U3) einen Qualitätsstandard darstellt.
Das Zähneputzen wird grundsätzlich nach dem Mittagsessen und vor dem Schlafengehen durchgeführt. Dabei geht die ganze Kindergruppe mit einer Pädagogin ins Bad, um nach dem Essen Hände zu waschen und Zähne zu putzen. Seit einigen Jahren wird das Zähneputzen wochenweise im Wechsel von einer Fachkraft durchgeführt. Die anstrengende und stressige Zahnputzwoche wird im Team gefürchtet. Nicht selten kommen so die zuständige Kollegin nass und die Kinder aufgedreht aus dem Bad zurück. Da das Zähneputzen in der Konzeption geschrieben steht, wird es von den Fachkräften als unveränderbares, notwendiges Übel des Kita-Alltags angesehen.

Wenn sich Situationen, wie das oben angeführte Beispiel, als stressbefördernd erweisen, bedarf es einer Analyse und Neuordnung der Station. Im obigen Beispiel könnte das Zähneputzen zugunsten eines harmonischeren Übergangs zu einem anderen Zeitpunkt des Tages angeboten werden, z. B. nach dem Schlafen oder Mittags-Snack. Durch das Verändern der Station würde sich vermutlich die Stressbelastung bei den Fachkräften reduzieren. Dies kann den restlichen Ablauf positiv beeinflussen und einen besseren Erregungsabbau bei den Kindern erzeugen, der für den Übergang in den Schlaf maßgebend ist.

Lange Wege, große Hallen, steile Treppen: planen aus Sicht des Kindes

Lange Flure animieren kleine Kinder gern zum Rennen und Rufen. Dunkle Flure machen Angst. Wege durch große Räume oder Hallen fordern zum Ausbrechen aus der Reihe heraus. Treppen erfordern eine hohe Konzentration und motorische Anstrengung, wodurch Aufträge vergessen werden können. Auch lange Wege lassen Aufträge vergessen und fördern die Lust auf Spielen, wenn der Weg an interessanten Gegenständen vorbeiführt. Aus diesen Gründen benötigt das Kind „Verkehrsregeln" für die zu gehenden Wege in einer Mikrotransition. Besonders herausfordernd sind auch Doppelnutzungen von Fluren, die morgens zum Spielen und Bewegen eingeladen haben, aber beim Übergang zum Schlafengehen in ruhiger Art und Weise bewältigt werden sollen.

Anregung 1: Markierungs- und Erinnerungshilfen einsetzen

Bauen Sie klar unterscheidbare Routinen auf, sodass das Kind ein je eigenes Skript zu den Räumen entwickeln kann. Markierungs- und Erinnerungshilfen unterstützen dabei einen eindeutigen Aufbau und Auslöser für zugehörige Skripts. Hilfreich ist auch, die Skripts an festgelegte Tageszeiten zu koppeln.

- Wird der Flur als Übergangsweg genutzt, helfen Markierungen auf dem Boden oder an der Wand den Weg zu meistern. Lang gezogene Flure oder Wege durch Hallen können mit farblich markierten Fußtapsern oder anderen Markierungen versehen werden.
- Die gut vorbereitete Umgebung hilft dem Kind bei seiner Orientierung. Dabei ist es hilfreich, allzu große Kontraste bei der Raumnutzung zu vermeiden. Bei Doppelnutzung sollten in einem ruhigen Raum weiterhin eher ruhige Aktivitäten stattfinden und im Bewegungsraum sollte ein lebhafter Ausdruck erlaubt bleiben.

Soll der Boden nicht beklebt werden, können auch die Wände für entsprechende Markierungen genutzt werden. Markierungen helfen den Kindern nicht nur die Orientierung zu behalten, sie visualisieren auch den Auftrag und halten ihn im Gedächtnis.

Anregung 2: Visualisieren von Abläufen für Kinder und Team über Plakate

Bringen Sie schriftlich fixierte Vereinbarungen für die Abläufe an strategisch günstigen Flächen als schön gestaltetes Mini-Plakat an. So bleiben die Vereinbarungen allen Teammitgliedern in Erinnerung und neue Mitarbeiterinnen oder Praktikantinnen finden sich ebenfalls schnell zurecht. Auch Eltern gewinnen dadurch einen guten Einblick in den Tagesablauf. Kinder können von Erinnerungsplakaten, wie z. B. einer Bilderabfolge zum Händewaschen am Waschbecken oder vom Toilettengang an der Toilette profitieren.

Visualisierungshilfen für Kinder mit besonderen Bedürfnissen

Die Herausforderung bei Kindern mit besonderen Bedürfnissen besteht bei Mikrotransitionen darin, dem Nicht-Verstehen der ganz normalen Abläufe pädagogisch zu begegnen. Oft ist gerade der visuelle Bereich eine Stärke der Kinder, an die angeknüpft werden kann:

- Erstellen Sie einen Ablaufplan zum Anziehen, in dem auf Fotos oder Zeichnungen genau aufgeführt ist, in welcher Reihenfolge die abgebildeten Kleidungsstücke angezogen werden müssen.
- Fertigen Sie Fotos mit den Abläufen im Waschraum, für die Situation des Händewaschens.
- Nutzen Sie Kommunikationstafeln bzw. Kommunikationsfotos mit den Abläufen bei der Mahlzeit.

Anregung 3: Ankerplätze oder Haltestellen einrichten

Auf langen Wegen kann es sinnvoll sein, eine Haltestelle vor einer Tür einzurichten. Hier könnte die Fachkraft den Auftrag erteilen: „Bitte gehe bis zum pinken Schild und warte dort einen Moment. Wir gehen den Weg dann gemeinsam." Dauert das Warten dort regelmäßig länger, hilft das Einrichten eines Ankerplatzes.

Etagen- oder Gebäudewechsel meistern: Leitung und Träger einbeziehen

Manche Kitas haben einen für die Arbeit mit Kleinkindern höchst ungünstigen Grundriss. In anderen sind durch Umbauten und Erweiterungen ungünstige Lagen von Räumen entstanden, die einen Etagenwechsel oder die Überwindung von Treppen erfordern. Vielleicht muss eine Kindergruppe zum Mittagessen in den Neubau gelangen, der nur über den Hof

zu erreichen ist, oder zum Schlafraum geht es in den Keller und ins Atelier müssen drei Etagen überwunden werden. Für Kitas, in denen sich die Wege nicht verkürzen lassen, ist das Einführen der in diesem Kapitel vorgeschlagenen Strategien unabdingbar. Ankerplätze, Haltestellen, Wegmarkierungen und Gruppenteilungen sind von großer Bedeutung. Wenn die Wege für Kleinkinder fast unüberwindbar werden, sind Leitung und Träger gefordert entwicklungsangemessene Lösungen für die Kinder zu finden. Möglicherweise sind auch bauliche Veränderungen erforderlich, um die Gesundheit und die Sicherheit von Kindern und Fachkräften zu gewährleisten.

6. Mikrotransitionen beim Wechsel von Aktivitäten

6.1 Drehbuch-Skript zur Garderobe: von drinnen nach draußen und zurück

Die Garderobe stellt für unterschiedliche Tagesaktivitäten einen Dreh- und Angelpunkt im Kita-Alltag dar. Sie kann einen Rahmen bieten

- für die täglichen Bring- und Abhol-Situationen von Eltern und Kind,
- für das An- und Ausziehen mit seinen Anforderungen an Groß- und Feinmotorik,
- für das Eincremen der Kinder vor einem sonnigen Tag,
- als zusätzlicher Spielraum,
- als Wartestation für andere Übergänge (z. B. um vor dem Waschraum zu warten).

Garderobe – ein oft negativ besetzter Bereich

Als Ergebnis einer Studie von Daldrop (2016) kann festgehalten werden, dass die Garderoben-Situation für Kinder und pädagogische Fachkräfte häufig eher negativ als positiv besetzt ist. Insbesondere das tägliche Umziehen an der Garderobe vor dem Gang nach draußen wird von den Fachkräften als wiederkehrende, anstrengende, stressvolle Aktivität erlebt. Aus diesem Grund versuchen sie in der Regel, den Prozess zu beschleunigen. Schließlich soll es nicht zu lange dauern, bis der Übergang nach draußen mit allen Kindern endlich beendet ist. Zeit für die Garderobe ist im Tagesplan in der Regel nicht einberechnet. Die Garderobe wird meist auch nicht als Bildungsort verstanden und genutzt.

Garderobenprozesse reflektieren und organisieren

Um zu verhindern, dass „Crowding-Effekte" in der Garderobe entstehen, also dass es zu einem Zusammenballen von zu vielen Personen auf zu engem Raum kommt, sollten Fachkräfte die Methode des „Gruppierens" einsetzen, d. h. die Aufteilung der Gesamtgruppe in Teilgruppen. Herausfordernde Verhaltensweisen wie Beißen, Schubsen oder Schlagen treten in unorganisierten Garderobenprozessen deutlich häufiger auf als in anderen Alltagssituationen (Gutknecht 2015b).

Beispiel | Lorenzo steht in einem halb geöffneten Schneeanzug in der Garderobe. Es sind viele Kinder da, auch direkt rechts und links von ihm. Es ist laut. Lorenzo möchte seine Wollmütze auf seinen Kopf ziehen. Dazu zieht er die Mütze zu einem Schlitz auseinander und versucht sie auf seinen Kopf zu bekommen. Aber es klappt einfach nicht! Ihm wird heiß – auch an seinen Händen, die die wollige Mütze halten. Als er es noch einmal versucht, bekommt er einen Stoß von Ines und fällt auf den Po. Lorenzo ist wütend, schreit laut, schlägt um sich und beißt.

Die Garderobensituation bietet Raum für nahe Interaktionen mit den pädagogischen Fachkräften, in denen die Kinder viel über ihre Körperwahrnehmung lernen könn(t)en: Mir ist jetzt warm oder mir ist zu kalt; ich brauche meinen Anorak, meinen Pullover oder nur mein T-Shirt. Hier wird das Auswählen der Kleidung passend zum Wetter thematisiert, die Bewegungen im Umgang mit der Kleidung eingeübt. In einer lauten und hektischen Garderobensituation können die Kinder allerdings nicht ausreichend in ihrer Entwicklung von Selbstpflege-Kompetenzen begleitet werden. So erschweren unübersichtliche Garderobensituationen sowohl sprachliche Begegnungen als auch einen sensiblen Bewegungs- und Berührungsdialog.

Doch was können Fachkräfte tun, damit die Garderoben-Situation harmonisch abläuft, die Interaktionsqualität im Vordergrund steht, der Bildungsauftrag erfüllt wird und sie trotzdem einem flüssigen Tagesablauf gerecht wird? Wie soll die Routine Garderobensituation eigentlich aussehen? Reflexionsfragen für das Kita-Team finden Sie im Kasten unten.

Analyse- und Reflexionsfragen zur Gestaltung der Mikrotransition

Situation vor dem Übergang

In welcher Situation befinden sich die einzelnen Kinder, bei welcher Tätigkeit werden sie unterbrochen?

Signale

In welcher Weise soll der Übergang angekündigt werden? Durch die Pädagogin selbst, durch ein anderes Kind, eine Handpuppe, die für diesen Zweck eingeführt wurde?

Wahrnehmung

Kann die Ankündigung des Übergangs durch einen Klang, ein visuelles Zeichen, eine Berührung, einen Duft sinnlich unterstützt werden?

Organisation

- Welche und wie viele Kinder sollen zuerst in die Garderobe gehen?
- Welche Fachkraft übernimmt die Assistenzaufgaben beim An- und Ausziehen?
- Welchen Aktivitäten gehen die Kinder nach, die noch nicht in der Garderobe sind?
- Wie sieht eine optimale Wartesituation an der Garderobe für die bereits umgezogenen Kinder aus?
- Wie kann eine angenehme Temperatur für die bereits umgezogenen Kinder (z. B. Warten in Winterkleidung) hergestellt werden?
- An welchem Ort ist die Kleidung der Fachkraft verstaut und wann zieht sie sich um?
- Welche Fachkraft geht wann mit der ersten Teilgruppe nach draußen?

Die Situation vor der Mikrotransition: Ankündigung der nachfolgenden Aktivität

In der Regel gehen die Kinder vor der Garderoben-Situation einer Aktivität nach, befinden sich beispielsweise im Freispiel oder in einer Gruppenaktivität. Der Weg in die Garderobe beginnt daher mit dem Ankündigen der Nachfolgeaktivität.

Beispiel | Die Ankündigung „Jetzt geht's gleich raus" ist für viele Kinder ein Grund zur Freude. Ben will heute der Erste sein, der rauskann. Doch er wird gleich von der Erzieherin Elisha gebremst: „Erst kommen Anna, Felix und Hushnut an die Reihe." Sie ruft die Namen auf. Ben will aber unbedingt jetzt gleich raus und versucht sich aus der Tür zu drücken. Elisha drückt ihn in den Raum hinein und sagt: „Nein Ben, jetzt noch nicht! Du bist später dran!" Ben fängt an zu weinen und drückt weiter. Die anderen drei Kinder kommen angerannt. Elisha muss nun schauen, wie sie die Tür so weit öffnen kann, dass die anderen durchkommen, Ben aber drinbleibt. Ihre Kollegin eilt ihr zur Hilfe und zieht Ben am Arm in den Raum. Dieser weint nun bitterlich.
Zwei kleinere Kinder fangen jetzt ebenfalls an zu weinen, sodass Elishas Kollegin nun damit beschäftigt ist, die weinenden Kinder wieder zu beruhigen. Als das nächste Mal die Tür aufgeht und Elisha die Kinder ruft, ist Ben sofort wieder an der Tür und versucht sich hinauszudrücken.

Um solche Alltagssituationen zu vermeiden, kann ein flexiblerer Umgang mit Regeln erwogen werden. Insbesondere sollte aber eine transparentere Gestaltung des Ablaufs erfolgen.

Transparent gruppieren mithilfe einer Fototafel

Die Kinder werden bereits vorab in Kleingruppen eingeteilt. Hilfreich kann es dabei sein, mit Fotos der Kinder zu arbeiten, die im Gruppenraum angebracht sind. Die Kleingruppen-Aufteilung mit den Fotos muss so gut sichtbar sein, dass bei Erklärungsbedarf von der Fachkraft darauf gezeigt werden kann. Dazu eignet sich eine DIN-A2-große Tafel, die je nach Gruppenaufteilung z. B. mit einem Whiteboard-Marker oder über Farbkarten in verschiedene Bereiche aufgeteilt wird. In diesen Unterteilungen bringt eine Fachkraft die Fotos von den Kindern an, welche eine Kleingruppe bilden. Wer möchte, kann die Gruppeneinteilung noch über Symbole ausschmücken (z. B. Teilgruppe 1: Sonne, Teilgruppe 2: Marienkäfer). Das ist dann sinnvoll, wenn die Gruppen

Bei Bedarf können die Teilgruppen schon zu einem früheren Tageszeitpunkt gebildet und besprochen werden.

über einen längeren Zeitraum Bestand haben und sich die Kinder mit ihrer Symbolzuordnung identifizieren.

Bei Bedarf können die Teilgruppen schon zu einem früheren Tageszeitpunkt gebildet und besprochen werden. Bei älteren Kleinkindern ist das beispielsweise im Rahmen einer Kreissituation möglich, wenn über die Aktivitäten des Tages gesprochen wird. So werden die Kinder frühzeitig darauf vorbereitet, wann sie mit welchen Aktivitäten an der Reihe sind, und müssen keine Angst haben, etwas zu verpassen. Ist das System einmal eingeführt und über einige Tage konstant durchgeführt worden, haben auch kleine Kinder schnell erfasst, wie die Gruppeneinteilung in der Kita funktioniert.
Unmittelbar vor der Garderobensituation begleitet die entsprechende Fachkraft die Kinder der ersten Kleingruppe in die Garderobe. Die anderen Kinder können bei Bedarf darauf hingewiesen werden, dass sie danach an der Reihe sind und natürlich auch nach draußen gehen dürfen. Auch Ben aus unserem Beispiel kann sich dadurch darauf verlassen, dass er in jedem Fall der Gruppeneinteilung entsprechend an die Reihe kommt.

Garderobenkleingruppen mit gemischtem Assistenzbedarf

Wenn die pädagogische Fachkraft eine Kleingruppe an Kindern betreut, die in der Entwicklung ihrer motorischen Kompetenzen unterschiedlich weit sind, lässt sich oft ein flüssigerer Ablauf herstellen als mit einer homogenen Gruppe. Während sich die kompetenten Kinder langsam anziehen und sich bereits durch eine sprachliche Begleitung der Erzieherin in ihrem Tun unterstützt fühlen, kann sich diese einem Kind mit mehr Assistenzbedarf zuwenden.
Eine Kollegin bleibt währenddessen bei den Kindern im Gruppenraum und koordiniert dort das Geschehen. Nach Absprache schickt sie weitere Kinder zur Kollegin in die Garderobe. Sobald die größere Gruppe der Kinder angezogen ist, geht die erste Kollegin hinaus. Die andere kann nun mit einer deutlich kleineren Kindergruppe das Anziehen in gleicher Weise fortführen. Je mehr Personal für diese Situationen zur Verfügung steht, desto kindzentrierter, responsiver, stressfreier und koordinierter können derartige Situationen gestaltet werden. Bei drei Fachkräften kann eine draußen die Aufsicht führen, die zweite in der Garderobe assistieren und die dritte das Spielen im Gruppenraum begleiten. Doch auch und gerade bei wenig Personal trägt eine Aufteilung der Gesamtgruppe zur Entspannung der Situation bei. Hier ist die Dienstplangestaltung besonders wichtig.

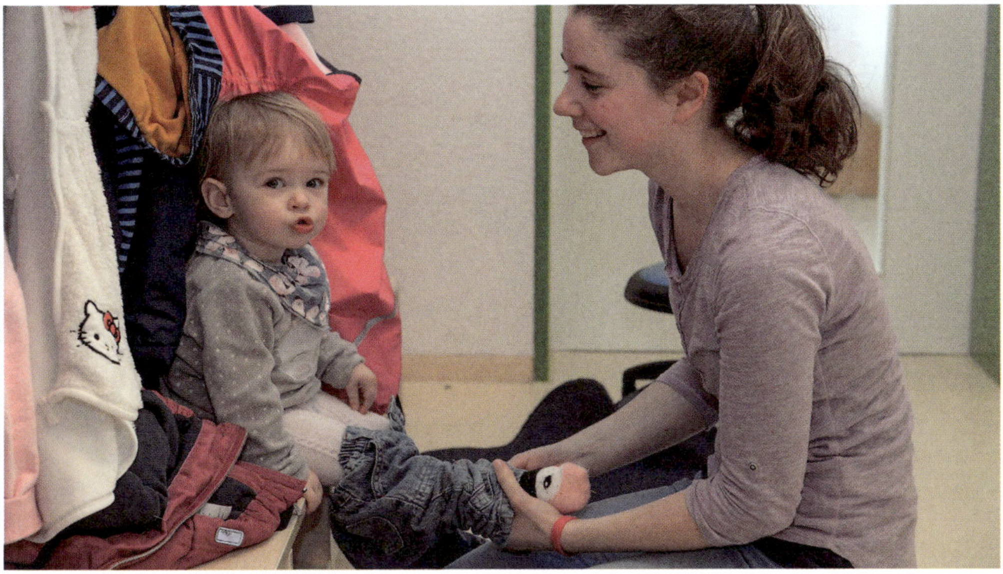

Für die Interaktion ist die Position hervorragend. Der Fersensitz ist allerdings eine auf Dauer hochbelastende Haltung für die Knie.

Das „Handling" in der Garderobe

Beim „Handling" wird die Bewegungs- und Berührungsinteraktion von Fachkraft und Kind betrachtet (Daldrop, Stehmeier & Gutknecht 2018). Für eine gute Interaktion müssen sowohl das Kind als auch die pädagogische Fachkraft in der Garderobensituation gut positioniert sein. Wenn das Kind auf einer Bank oder einem Schemel sitzt, benötigt es Stabilität durch Bodenkontakt mit den Füßen. Da dieser Bodenkontakt durch ungeeignetes Mobiliar oft nicht gegeben ist, leisten viele Fachkräfte die Assistenz im Fersensitz: Das Kind stellt dann seine Füße auf die Oberschenkel der Fachkraft.

Diese Position (siehe Foto) belastet jedoch die Knie- und Sprunggelenke der Pädagogin äußerst stark. So ist zu befürchten, dass Fachkräfte in erster Linie die optimale Interaktionsebene mit dem Kind im Blick haben und die eigene Körperbelastung nicht wahrnehmen (Daldrop, Stehmeier & Gutknecht 2018). Da durch die Häufigkeit der Position im Berufsalltag über die Jahre ernsthafte Beschwerden auftreten können, ist ein ausreichend niedrig einstellbarer Hocker zu empfehlen. Dieser sollte fest bei der Garderobe stehen und verankert werden können, sodass er nicht als Spielobjekt von den Kindern zweckentfremdet wird. Auch die Arbeit mit einem Garderobenpodest wäre entlastend. Schmerzen bei der Assistenz können zu weniger Interaktion mit dem Kind führen.

Musikalische Unterstützung sorgfältig abwägen

Das Umziehen in der Garderobe kann über ein gesungenes Lied wie zum Beispiel das „Ich zieh mich an"-Lied von Kati Breuer unterstützt werden (für die Melodie der vorgeschlagenen Lieder siehe die Linkliste auf S. 111). Das Singen befördert nicht nur eine heitere und gelöste Atmosphäre in der Garderobe. Geeignete Lieder können außerdem textlich an die Aktivitäten der Kinder angepasst werden, wodurch sie den konkreten Ablauf unterstützen.

Das „Ich zieh mich an"-Lied
Ich ziehe meine Socken an, aha oho,
Ich ziehe meine Socken an,
und das geht so!
Ich ziehe meine Hose an, aha oho,
Ich ziehe meine Hose an,
und das geht so!
Ich ziehe den Pullover an, aha oho,
Ich ziehe den Pullover an,
und das geht so!
… (Mütze, Handschuhe etc.)
Kati Breuer (Melodie, siehe S. 111)

Fachkräfte sollten das Singen jedoch immer reflektiert einsetzen und mögliche unerwünschte Nebenwirkungen beachten, die sich bei ihnen oder den Kindern einstellen können:

- Manche Kinder unterbrechen die Anzieh-Aktivität und sind von der Musik abgelenkt, was die Dauer der Aktivität in der Garderobe verlängert.
- Der Lärmpegel insgesamt steigt an und wird zur Zusatzbelastung.
- Die pädagogische Fachkraft kann nicht gleichzeitig singen und einem Kind mit größerem Assistenzbedarf die nötigen verbalen Hinweise geben, sodass die Entwicklung von Selbstpflege-Kompetenzen leidet.
- Das Singen kann die Fachkraft dazu verleiten, Kinder aktiv anzuziehen, die passiv alles an sich geschehen lassen. Problematische-Skripts werden aufgebaut.
- Gleichzeitiges Anziehen und Singen überfordert manche Kleinkinder in der Koordination.

Nach dem Anziehen: Ankerplätze nutzen

Wenn die bereits angezogenen Kinder noch nicht nach draußen gehen können, kann ein Ankerplatz in oder nahe der Garderobe sinnvoll sein. Dieser sollte mit Materialien versehen werden, welche die Eigentätigkeit bei den Kindern fördern. Ungünstig sind Spielzeugautos, Rollbretter oder Bälle, da sie zur Bewegung auffordern. Insbesondere in weiträumigen Garderoben oder in Fluren kann rollendes Spielmaterial die Gruppenatmosphäre kräftig „anheizen". Sinnvoller sind Bücherkisten, Wandpaneele zum Spielen, große Schiefertafeln zum Bemalen und Spiegel. Der Ankerplatz sollte einsehbar sein und die Kinder sollten in guter Hörweite bleiben (Daldrop 2016).

Lieder und Fingerspiele

Wenn der Einsatz eines Liedes für den Weg nach draußen als sinnvolle Brücke erachtet wird, eignet sich leicht umgetextet das Lied „Alle Leut', alle Leut', geh'n jetzt nach Haus'" für den Vorgang (Link zu Originaltext und Melodie siehe S. 111). Unsere an die Situation angepasste Version finden Sie im Kasten rechts.

Lieder und Fingerspiele können besonders gut dann eingesetzt werden, wenn es aufgrund der räumlichen Gegebenheiten nicht möglich ist, sofort nach draußen zu wechseln. Dies ist der Fall bei Kitas mit einem Außengelände in einiger Entfernung. Die Wartedauer darf vor allem im Winter nicht überzogen werden, da Kinder sonst – warm für draußen angezogen – überhitzt und verschwitzt in die Kälte gehen.

Lied: Alle Leut', alle Leut', geh'n jetzt hinaus

Alle Leut', alle Leut', geh'n jetzt hinaus.
Nehmen sich an die Hand,
warten hier an der Wand.
Alle Leut', alle Leut', geh'n jetzt hinaus.
Laufen in einer Reih',
verloren geht keiner dabei,
Alle Leut', alle Leut', geh'n jetzt hinaus.
Wir sind schon fast bald da,
singen laut trallala.
Alle Leut', alle Leut', geh'n jetzt hinaus.

„Wellness-Momente"
beim Eincremen schaffen

In Sommerzeiten muss das Eincremen der Kinder möglicherweise in die Planung der Garderobensituation einbezogen werden. Alternativ kann das Eincremen auch im Gruppenraum, Waschraum oder draußen stattfinden. Entlastend wirkt zudem, wenn Eltern ihr Kind im Sommer bereits eingecremt in die Kita bringen.

Das Eincremen kann eine Situation der achtsamen und freudvollen Begegnung von Fachkraft und Kind bedeuten. Kinder sollten hier immer partizipativ einbezogen werden und mithelfen. Die pädagogische Fachkraft geht in ihren Berührungen langsam, sanft und behutsam vor. Sie ist sich der Bewegungen ihrer Hände bewusst und beschreibt mit Worten, an welchen Stellen gecremt wird. Dabei achtet sie sorgsam auf die sensiblen Regionen Augen, Mund und Nase. Wenn das Kind merkt, dass es eine responsive Fürsorge erfährt, kann es sich von der Angst lösen, brennende Creme in die Augen zu bekommen. Körperbereiche, welche das Kind nicht gerne eincremen lässt, können vor dem Spiegel in kooperativer Unterstützung vom Kind selbst eingecremt werden.

Überhitzungsgefahr im Winter vermeiden

An Wintertagen, wenn die Kinder in geheizten Garderoben warme Kleidung anziehen, muss darauf geachtet werden, dass sie nicht überhitzen. Mützen, Schals und Handschuhe sollten erst kurz vor dem Hinausgehen übergezogen werden. Schneeanzüge und Jacken können so lange offen bleiben, bis es tatsächlich hinausgeht. All dies erfordert Überlegungen zum Raum- und Materialarrangement (Daldrop 2016). Die Mützen, Schals und Handschuhe sollten dafür von den Kindern selbst zu erreichen sein. Günstig ist auch eine Platzierung nahe dem Ankerplatz, sodass die Kinder ihre Sachen selbst verstauen und holen können.

Aus der Garderobe hinaus

Sobald die erste Gruppe hinausgehen kann, muss dieser Prozess gut koordiniert werden. Da hierfür auch die Fachkraft selbst fertig sein muss, empfiehlt sich, dass sie ihre eigene Kleidung und Schuhe vor der Garderoben-Mikrotransition an einen günstigen Ort an der Garderobe deponiert. Stehen in der Situation mehr als zwei Fachpersonen zur Verfügung, kann eine Fachkraft das Spiel der Kinder in der Gruppe, eine die Assistenz in der Garderobe und eine die Aufsicht draußen übernehmen und die nachkommenden Kinder in Empfang nehmen.

Die Mikrotransition von draußen nach drinnen

Wenn die Draußen-Zeit vorbei ist, steht die Mikrotransition zurück in das Haus an. Rechtzeitiges Ankündigen ist hier das A und O, denn die Kinder werden in ihrer Spielaktivität unterbrochen. Ungenügend frühe Ankündigungen und Zeitmangel führen deshalb oft zu äußerst schwierigen Situationen, in denen Kinder mit der Spielunterbrechung nicht zurechtkommen, schreien, weinen und von aufgebrachten Fachkräften schließlich in das Haus getragen werden. Um Kindern die Möglichkeit zu geben, sich auf diesen Wechsel einzustellen, sind eine direkte namentliche Ansprache und entsprechende Ankündigungen unverzichtbar.

Auch für die Mikrotransition von draußen über die Garderobe bis in die nächsten Aktivitäten bietet sich eine Aufteilung der Kinder in Kleingruppen an.

Teilschritte der Mikrotransition von draußen nach drinnen

- Übergang zurück ins Haus
- Ausziehen der Kleidung
- bei Bedarf umkleiden (z. B. wenn die Kleidung nass geworden ist)
- Windelwechsel oder Gang auf die Toilette
- Händewaschen
- Übergang zum Essen/zur Zwischenmahlzeit

Da hier mehrere Teilschritte in die Mikrotransition eingewoben sind (siehe Kasten S. 55), erfordert sie eine sehr genaue Planung und Absprache im Team. Wie im Übergang nach draußen sollten auch erneut selbstständigere und assistenzbedürftigere Kinder gemeinsam in einer Kleingruppe betreut werden, damit die Fachkraft ihre Aufmerksamkeit und den Assistenzbedarf unter einer Kleingruppe von Kindern besser aufteilen kann.

Schon vor dem Hereinkommen und Platznehmen sind Kinder auf die bevorstehenden Tätigkeiten „Ausziehen und Händewaschen" vorzubereiten. Unterstützend wirkt ein klares Garderobensystem, das es den Kindern ermöglicht, ihren Platz sofort wiederzuerkennen und ihre Kleidung weitestgehend selbst aufzuräumen, ohne dabei riskante Klettermanöver zu unternehmen.

Nach dem Spiel im Freien steht häufig das Mittagessen oder die Zwischenmahlzeit am Nachmittag an. Da die Kinder womöglich müde und hungrig sind, können sie sich häufig kaum auf das Ausziehen konzentrieren. Hier ist Hilfe erforderlich – sowohl in Form eines Bewegungs- und Berührungsdialogs beim sogenannten „Handling" (siehe S. 51) wie auch durch eine aufmunternde Wortwahl. Ein Lied kann helfen die Situation zu regulieren und den Kindern das Ausziehen zu erleichtern. Dazu kann z. B. das im Kasten auf S. 52 vorgestellte Lied „Ich zieh mich an" in ein „Ich zieh mich aus"-Lied umgetextet werden und die Stimmung positiv beeinflussen.

Je nachdem, welche Wege die Kinder bis zum Waschraum zurücklegen müssen, wie gut dieser einsehbar ist und wie kompetent die Kinder beim Händewaschen vorgehen, können die größeren Kinder bereits zum Händewaschen gehen und danach zu einem vereinbarten Ankerplatz zurückkehren.

6.2 Drehbuch-Skript vom Freispiel in andere Aktivitäten

Im Alltag einer Kita endet eine freie Spielphase oder wird unterbrochen, wenn z. B. Pflegehandlungen wie das Wickeln (siehe Kapitel 6.5.2) oder der Übergang in die Garderobe (siehe Kapitel 6.1) stattfinden (sollen). Spielunterbrechungen oder -beendigungen lassen sich aber auch im Zusammenhang mit dem in vielen Einrichtungen üblichen Morgenkreis oder mit dem Beginn von Aufräumaktivitäten beobachten. Gerade hier gibt es in der Kleinkindpädagogik sehr gegensätzliche Positionen, die direkte Folgen auch für die Übergangsgestaltungen haben. Im Folgenden soll diesen Fragestellungen nachgegangen werden.

Vor dem Übergang

Für viele Kinder stellt es eine grundsätzliche Herausforderung dar, ein lustvolles Spiel zu beenden, eine spannende Tätigkeit abzuschließen oder eine Entstehungsgeschichte unterbrechen zu müssen. Mit dem Spiel verbundene positive Emotionen erfahren möglicherweise einen „inneren Bruch", wodurch negative Emotionen bei den Kindern entstehen können. Gerade wenn ein Kind länger gebraucht hat, um in ein Spiel zu finden, ist es ganz besonders schwerwiegend, es aus dem Spiel wieder herauszureißen. Manche Kinder weinen, sind wütend oder zeigen ihren Unmut deshalb durch deutlichen Widerstand.

Übergangsaktivität Aufräumen

Oft wird von den Fachkräften im Anschluss an das Spiel eine Aufräumaktivität angeschlossen. Dabei ist es in vielen Kitas ein verbreitetes Vorgehen, ein Aufräumlied zu singen und dann mit allen Kindern der Gruppe gleichzeitig aufzuräumen. Wie alle Aktivitäten, in denen alle Kinder zur gleichen Zeit die gleichen Dinge tun sollen, birgt diese Gestaltung einige Risiken: Bei einem solchen Szenario müssen pädagogische Fachkräfte ihre Aufmerksamkeit zwischen dem Aufräumen und der Aufmerksamkeit für die Kinder aufteilen. Oft führt dies dazu, dass die Aufräumsituationen von Eile und Hektik bestimmt werden. Die Fachkräfte

werfen Dinge rasch in Kisten und schaffen es selbst nicht immer – weil es schnell gehen muss –, sie an den für sie bestimmten Ort zu legen.

In der Arbeit mit Kleinkindern ist es grundsätzlich hilfreich, wenn die Erwachsenen in den Spielphasen in achtsamer und feinfühliger Weise beobachten und auch mit „ordnender Hand" dabei sind: Was wird von den Kindern nicht mehr zum momentanen Spiel gebraucht? Was ist nur kurz abgelegt, um es nachher wieder aufzunehmen? Welches Material kann schon kurz vor Spielende ganz aus dem „Spielfeld" genommen werden, damit es erst gar nicht mehr ausgeräumt wird? Dann ist am Ende der Spielphase schon gar nicht mehr so viel zum klassischen „Aufräumen" da und die Kinder können die Aufgabe besser überblicken. Bei der Ausrichtung an vorbereiteten Umgebungen wie in der Pikler- oder Montessori-Pädagogik bleibt es Kernaufgabe der Erwachsenen, hierüber Orientierung zu geben.

Typische Gruppenphänomene beim Aufräumen

Fachkräfte sehen sich beim Aufräumen oft mit Verhaltensweisen der Kinder konfrontiert, die sie als herausfordernd empfinden. Bei einigen älteren Kleinkindern löst der Abbruch des Spiels Widerstand aus, bei anderen die Unlust darüber, die Tätigkeit Aufräumen an sich ausführen zu müssen. Diese Kinder suchen sich häufig Ecken im Raum, um sich dort unauffällig der Aufforderung zum Aufräumen zu entziehen. Sie spielen weiter oder laufen langsam im Raum herum, sodass sie Teil der Gruppenbewegung sind, jedoch am Aufräumen nicht teilnehmen.

Kleine Kinder werden zudem noch sehr schnell von Tätigkeiten abgelenkt, wenn sie ein spannendes Spielzeug (wieder-)entdecken. Anstatt aufzuräumen, fangen sie an damit zu spielen, wodurch bei Fachkräften eine steigende Gereiztheit entstehen kann. Manchmal nutzt das Kind auch nur das Spielmaterial, um es spielend an seinen Platz zu befördern, z. B. lässt es das Auto noch schnell die Autorutsche herunterrutschen, um zu parken. Deshalb kann es helfen, das Kind ein paar Sekunden zu beobachten, bevor es angesprochen wird.

Atmosphäre in Aufräumsituationen im Blick behalten

Oft herrscht beim Aufräumen eine angespannte Atmosphäre. Die Fachkräfte fühlen sich insbesondere durch die „untätigen Kinder" genervt und sprechen in einem scharfen maßregelnden Ton. In solchen Situationen steigt das Risiko für Stürze, Rangeleien und Konflikte zwischen den Kindern. Kinder weinen und schreien, fühlen sich nicht mehr wohl und benötigen emotionale Regulation. Insbesondere wenn die Nachfolgeaktivität nicht klar angekündigt

wurde, entsteht oftmals eine Art Vakuum und ein Gefühl der Orientierungslosigkeit bei den Kindern.

Um dies zu vermeiden, ist es wichtig, dass die pädagogischen Fachkräfte ein positives Klima aufrechterhalten und die Aktion freudvoll gestalten. Am Modell des Erwachsenen kann das Kind lernen, dass es Freude macht, die Ordnung im Raum zu kennen und auch wiederherzustellen. Indem die Fachkräfte selbst eine positive Stimmung beim Aufräumen zeigen und die Verantwortung für die Gesamtordnung übernehmen, wachsen Kleinkinder in die Handlungen rund um das Aufräumen hinein und übernehmen Teilaufgaben gerne.

Mit Ankündigungen arbeiten und genügend Zeit einplanen

Kinder brauchen Zeit, sich auf die Beendigung eines Spiels einzustellen. Da das Ende der Spielzeit aus der kindlichen Perspektive heraus oft nicht einfach zu verstehen ist, kommt der pädagogischen Fachkräfte die Aufgabe zu, das Kind bei dem Prozess des Verstehens der Abläufe zu unterstützen. Der Wechsel vom Spiel in eine andere Aktivität sollte also behutsam vorbereitet und begleitet werden. Auf der Basis ihrer Beobachtungen kann die Pädagogin die Kinder nach und nach persönlich ansprechen und freundlich auf den Wechsel vorbereiten. Vielleicht ist ein Kind gerade am Ende seiner Aktivität angekommen und es bedeutet gar keinen großen „Bruch", in diesem Moment eine neue Aktivität anzukündigen. Ein individualisiertes Vorgehen wirkt sich in der Regel günstig aus.

> „Melina, Susanna und Romy, wir gehen gleich in den Sand-Raum. Ihr könnt eure Puppen schon schlafen legen."

> „Sandor, wir gehen gleich nach draußen. Schau, ich stelle jetzt die Sanduhr hierher. Wenn sie durchgelaufen ist, kannst du schon die Tiere zurückräumen. Ich komme dann und wir gehen in die Garderobe."

> „Alina, wir wollen gleich frühstücken. Du kannst dein Bobbycar so lange hier parken. Dann kannst du nach dem Essen weiter damit fahren."

Manche Kinder blenden beim Spielen das Stimmengewirr vieler Menschen in einem Raum vollkommen aus, um sich ganz auf die eigene Tätigkeit konzentrieren zu können. Ein Zuruf von Weitem, der sich an die Gesamtgruppe richtet und das Spielende ankündigt, kommt daher meist nicht beim Kleinkind an. Dies gilt insbesondere dann, wenn es sehr vertieft in sein exploratives Spiel ist. Die Fachkraft sollte das junge Kind daher direkt und mit Wärme mit seinem Namen ansprechen und so die nächste Aktivität ankündigen. Bei älteren Kindern können akustische Signale wie der weiche und heitere Klang einer Rührtrommel das baldige Ende der Phase des freien Spielens ankündigen. Allerdings können auch diese Tonsignale von manchen Kindern als „bittere" Unterbrechung aufgenommen werden.

Aufräumlied

Zur Melodie von „A, a, a, der Winter, der ist da"

1,2,3, die Spielzeit ist vorbei.
Alle Kinder groß und klein
räumen jetzt die Sachen ein.
1,2,3, die Spielzeit ist vorbei.

Transitionslieder

Ob ein Aufräumlied sich als günstig erweist oder eher zur weiteren Unruhe beiträgt, hängt mit der aktuellen Zusammensetzung und der Chemie der Kindergruppe bzw. ihrer Regulationsfähigkeit zusammen. Auch die Gruppengröße spielt eine Rolle. Soll ein Aufräumlied eingesetzt werden (siehe Kasten rechts), sind gerade solche Lieder und Sprüche geeignet, die eine positive Aussage haben und inhaltlich transportieren, welche Handlungen genau anstehen. Dadurch kann der Skriptaufbau beim Kind unterstützt werden.

Anschlussaktivität in den Fokus stellen

Und was sollen die Kinder tun, wohin sollen sie gehen, wenn sie mit dem Aufräumen fertig sind? Diese Fragen stellen sich eigentlich nur dann, wenn die Anschlussaktivität an das Aufräumen den Kindern nicht klar angekündigt wurde. Dadurch entstehen oft am Ende einer Aufräumzeit Unklarheit und Unsicherheit in der Kindergruppe.

Aufräumen ist in der Arbeit mit Kleinkindern eine Übergangshandlung. Die Ankündigung

sollte somit von vorneherein weniger auf das Aufräumen ausgerichtet werden als vielmehr auf die Folgeaktivität.

„Wir treffen uns gleich in der Kuschelecke, Susanna wartet dort auf euch. Vorher bringen wir nur noch zusammen die Spiel-Insel in Ordnung."

Je nachdem, welche Aktivität folgen wird, sollte der Treffpunkt nach dem Aufräumen kommuniziert und über eine Fachkraft vorbereitet und begleitet werden.

Beim Aufräumen die Didaktik des Gruppierens nutzen

Für das Hineinwachsen in Aktivitäten rund um das Aufräumen ist es in der Arbeit mit Kleinkindern oft günstig, lediglich eine Aufräumsituation im Tagesablauf – z. B. am Vormittag vor der Draußenzeit – mit der letzten Teilgruppe zu gestalten. Dabei wird das Kind auf das entsprechende Spielzeug aufmerksam gemacht und das Aufräumziel sprachlich und gestisch verdeutlicht. Manch ein Kleinkind braucht eine direkte Begleitung an der Hand, um sich in dieser Situation besser zurechtzufinden und sicherer in seinen Handlungen zu werden.

„Schau mal, Lukas, die ganzen Tiere sind weggelaufen. Komm, wir bringen sie zurück in den Stall."

„Manon, du hast mit dem blauen Laster gespielt, schau mal, wo der in seiner Kiste parken kann."

„Du kannst die Bücher ins Bücherregal zurückstellen oder den Topf von der Küche ins Regal stellen. Was magst du aufräumen?"

„Verinselung" von Aufräumaktivitäten über die vorbereitete Umgebung

Wenn Fachkräfte mit einer vorbereiteten Umgebung arbeiten, werden die Spielmaterialien dem Kind in einer attraktiven Art und Weise präsentiert. Dass immer nur ein Teil des Gesamtspielmaterials angeboten wird, vereinfacht zudem später die Übergangshandlung des Aufräumens. So arrangiert die Fachkraft z. B. Spielinseln im Raum mit attraktiven Spielmaterialien. Das Aufräumen mit den Kindern besteht dann darin, dass die ansprechende und schöne Spielinsel wiederhergestellt wird.

Indem die Hauptverantwortung für diese vorbereitete Umgebung weiterhin bei den Erwachsenen liegt, kommt den Kindern eine Mitbeteiligung bei diesem Prozess zu. Durch

diese Lösung kann eine gute Stimmung und Grundatmosphäre bei den Erwachsenen und den Kindern meist eher aufrechterhalten werden als bei der Lösung mit frei zugänglichen Regalen.

Klare Ordnungsprinzipien bei frei zugänglichen Regalen

Gerade in Gruppen mit größerer Altersmischung wird meist mit frei zugänglichen Regalen gearbeitet. Insbesondere in Montessori-Krippen werden Kinder von Anfang an darin begleitet, die Regel umzusetzen: „Wenn du mit etwas gespielt hast, räume es zurück an seinen Ort. Erst dann ist dein Spiel zu Ende." Kleine Kinder benötigen bei der Umsetzung dieser Regel meist noch viel Assistenz durch die Fachkraft. Wenn die Regel jedoch in das Skript vom Tagesablauf integriert worden ist, halten sich die Kinder allmählich daran – insbesondere dann, wenn sie von einer Fachkraft freundlich daran erinnert werden.
Um bei frei zugänglichen Regalen Ordnungsprinzipien einzuhalten, lohnt es sich, im Team klare Spielbereiche zu definieren und übersichtliche Materialregale bzw. -schubladen oder -kisten festzulegen. Unterstützend wirken Fotos vom Spielmaterial, die an den entsprechenden Orten oder Kisten angebracht werden können. Kisten mit Sichtfenstern oder durchsichtige Kisten ermöglichen eine rasche Orientierung. Tabletts, offene Körbe oder flache Kisten mit weniger Füllmenge helfen den Kindern schon während des Spiels ein gesuchtes Spielzeug schneller zu finden.
Insgesamt sollte das Spielmaterial für die Kinder gut erreichbar sein, d. h. auf Kinderhöhe angebracht werden. Lediglich empfindliche oder kleinteilige Materialien oder Material, für dessen Gebrauch ein gewisses Können erforderlich ist, sollte auf Erwachsenenhöhe verstaut werden. Dabei gilt: Je jünger Kinder sind, umso mehr steuern die Erwachsenen die Erreichbarkeit der Spielmaterialien.

Vom Freispiel in eine Aktivität im Kreis

Der Übergang vom freien Spiel in eine Kreisaktivität geht ebenfalls mit einer Spielunterbrechung einher. Die Entscheidung für Kreissituationen ist auch eine Entscheidung für weitere Übergänge: Die Spielunterbrechung wird möglicherweise nicht positiv vom Kind aufgenommen und es benötigt emotionale Regulation. Ist diese Spielunterbrechung für eine geführte Kreissituation also überhaupt sinnvoll?

Ein kritischer Blick auf den Morgenkreis

Im Fachdiskurs zur Kleinkindpädagogik gibt es viele Stimmen, die den Morgenkreis kritisch sehen. Hierzu gehören insbesondere die Vertreterinnen der Pikler-Pädagogik. Welche Argumente werden gegen den Morgenkreis vorgebracht, welche dafür? Es lohnt sich, im Team darüber zu diskutieren und den Tagesablauf immer wieder zu prüfen, ob die in der Kita umgesetzten Positionen auch zu den jeweiligen Kindern passen. Kernfragen wären hier: Sind wir gut auf die Kinder abgestimmt? Passt unsere Gestaltung des Tagesablaufs zu unseren Kindern? Profitieren die Kinder von den Routinen, die wir eingeführt haben? Sollten wir Routinen überdenken?

Gründe gegen den Morgenkreis in der Kleinkindpädagogik

Der reguläre Tagesablauf von Kleinkindern in Krippe oder Kita zeichnet sich durch außerordentlich viele Unterbrechungen wie Essen, Wickeln, An- und Ausziehen in der Garderobe etc. aus. Die Phasen, in denen ein Kind einem Spiel konzentriert folgen und nachgehen kann, sind oft nur sehr kurz. Ein Morgenkreis, der teilweise wenig reflektiert durchgeführt wird und eher aus der Pädagogik älterer Kinder übernommen worden ist, verkürzt zusätzlich die knapp bemessenen Zeiten für das freie und explorative Spiel. Dabei muss nicht nur die Zeit des Morgenkreises selbst betrachtet werden, denn die komplette Kleinkindgruppe durchläuft zwei Mikrotransitionen, damit so ein Kreis überhaupt stattfinden kann: eine in den Morgenkreis hinein und eine weitere hinaus.

Diese Übergänge sorgen für eine erhebliche Unruhe. Viele Kindern reagieren auf die Unterbrechung ihrer Spielaktivitäten mit Dysregulation, zeigen also deutlichen Unmut, weinen oder schreien. Dies stellt auch eine Stressbelastung für die Fachkräfte dar und bindet ihre Aufmerksamkeit. Während des Morgenkreises fallen zudem immer Kinder auf, die nicht im Kreis bleiben wollen, die herum- oder weglaufen. Dies führt zu Störungen und belastet die Atmosphäre.

Gründe für einen Morgenkreis mit Kleinkindern

Befürworter des Morgenkreises sehen ihn als Chance für kleine Kinder, nach und nach in den Gruppenprozess hineinzuwachsen. Sie sehen auch das Gespräch in diesem Rahmen mit den Kindern als bedeutungsvoll an und die Chance, dass die Kinder sich gegenseitig wahrnehmen und als Gruppe zusammenwachsen können. Emotionen, Sprache, Musik und Tanz gelten als wichtige Inhalte des Morgenkreises. Es geht nicht darum, dass die Kinder den üblichen Anforderungen bereits genügen, sondern dass sie die Situation, zur Gruppe zu gehören, nach und nach annehmen können. Gerade in der Arbeit mit Altersmischung wird auch das Modell der älteren Kinder als bedeutungsvoll angesehen. Fachkräfte berichten, dass die kleinen Kinder den Morgenkreis verinnerlicht haben und mit großer Freude die Lieder dort singen, tanzen und sich bewegen. Sie sind voller Erwartung für die Situation. Der Kreis bietet die Möglichkeit, über die Dinge zu sprechen, die gewesen sind, die sind und die sein werden. Hier kann ein Raum für wertvolle Begegnungen eröffnet werden.

Anregung: freiwillige Teilnahme an einer Kreissituation

Um die positiven Aspekte von Situationen im Kreis aufrechtzuerhalten, müssen Fachkräfte im Umgang mit Kindern, die immer wieder aus dem Kreis ausbrechen, einen Modus der Gelassenheit entwickeln. So können sie nach und nach die Situation annehmen, zur Gruppe zu gehören.

Daraus lässt sich ableiten, dass kleine Kinder unter zwei Jahren, die sich nicht lange in geführten Kreissituationen aufhalten können oder wollen, ihn verlassen dürfen. Bleibt das Kind interessiert, darf es im Raum bleiben und von einem anderen Ort aus zuhören. Wirkt es teilnahmslos und uninteressiert und wird die restliche Kreisgruppe von diesem Kind massiv abgelenkt, sollte es den Raum mit einer Fachkraft verlassen und zum nächsten Mal wieder eingeladen werden. Vor einer Aktivität im Kreis kann es außerdem hilfreich sein, die Kinder zu fragen, ob sie teilnehmen möchten. Eine kleine Gruppe findet sich in der Regel immer, was mit der Zeit auch das Interesse der anderen Kinder weckt. Kreissituationen können so ganz frei entstehen und sich wieder lösen.

In Kreissituationen hineinfinden

Für viele Praktikerinnen stellt sich die Frage der täglichen Umsetzung der Mikrotransitionen in eine Kreisaktivität hinein und wieder hinaus. Auch hier bieten sich unter Berücksichtigung möglicher Nebenwirkungen Transitionslieder an, die den Vorgang und das erwartete Handeln beschreiben.

Lied zur Kreisaktivität
Zur Melodie von „Bruder Jakob"

Kommt zum Kreis,
kommt zum Kreis,
setzt euch her,
setzt euch her,
lasst uns alle singen,
tanzen, springen, singen,
setzt euch her,
setzt euch her.

Eine Strukturierungshilfe für eine angemessene Sitzordnung kann z. B. über Sitzkissen für die Kinder hergestellt werden. Indem eine Fachkraft die Sitzkissen nach dem Prinzip der vorbereiteten Umgebung im Vorhinein auslegt, können sich die Kinder ihren Platz dann in dieser Rahmung aussuchen. Sofern noch weitere Strukturierungshilfen in der Gruppe erforderlich sind, kann mit Bildern auf den Sitzkissen von den Kindern gearbeitet werden. Die Kissen können aber auch von den Kindern während des Einstiegsliedes selbst geholt und verteilt werden. Hier bietet es sich an, dass Fachkräfte mit einer gestalteten Mitte arbeiten, um die herum die Kissen ausgelegt werden.

In der Praxismappe „Den Morgenkreis neu entdecken" (Kleinstkinder 2018) werden verschiedene Formen zur Gestaltung eines Morgenkreises vorgestellt. Sobald alle Kinder ihren Platz gefunden haben, empfiehlt es sich, mit einem täglich wiederkehrenden Begrüßungslied zu beginnen und erst danach eine Variation von Liedern, Geschichten, Sprüchen, Bewegungsaktivitäten folgen zu lassen.

Aus der Kreissituation hinaus
Auch das Ende einer Aktivität im Kreis sollte mit einem täglich wiederkehrenden Ritual eingeleitet werden, um seinen Rahmen für die Kinder klar zu definieren und nachvollziehbar zu machen. Dabei profitieren die Kinder davon, auf die Aktivitäten des Tages, insbesondere auf die Folgeaktivität, vorbereitet zu werden. Nach Beenden des Kreises wird der Übergang in die nächste Aktivität eingeleitet. Hier eingewoben ist das Aufstehen aus dem Kreis und das Aufräumen der Sitzgelegenheiten.

6.3 Drehbuch-Skript zur Mahlzeit: zum Esstisch hin – vom Esstisch weg

Die Mikrotransition zum Esstisch hin und weg wird von einem Kind in der Ganztagsbetreuung einer Kita bis zu fünf Mal am Tag durchlaufen. Dabei sind zum einen viele Teilschritte zu überblicken, zum anderen ist es erforderlich, die unterschiedlichen Grundbedürfnisse eines Kindes zu berücksichtigen, die sich auf den Prozess der Begleitung auswirken: Ein hungriges oder fittes Kind reagiert anders auf die Anforderungen des Übergangs als ein sattes oder müdes Kind. Der Geruch des Essens, aber auch Informationen darüber (was gibt es heute zu essen?) können Freude, Genuss, Ärger oder gar Ekel auslösen. Vorfreude auf das Essen kann zu übermütigem Verhalten führen, sodass Kinder rennen, hüpfen und jauchzen, aber auch nicht mehr zuhören und gar das Skript des Übergangs „vergessen". Ärger oder Ekel gegen das Essen kann Widerstände aufbauen und ein herausforderndes Verhalten bewirken. Müde Kinder hingegen können vielleicht nur noch wenig aktiv am Übergang teilnehmen und bedürfen einer höheren Unterstützung vonseiten der pädagogischen Fachkraft.

Nur ein sehr reflektierter Ablaufplan führt zu einer ruhigen Gestaltung der unterschiedlichen Aktivitäten. Da es im Kita-Bereich viele Fachkräfte gibt, die Teilzeit arbeiten, sind insbesondere für die Mikrotransition vom Essen zum Schlafen Pausenregelungen und die Teambesetzung sorgfältig zu reflektieren.

> Für die Übergänge und Routinen vom Essen zum Schlafen sollte das Fachpersonal vollständig anwesend sein. Verfügungszeiten, Pausen und Schichtwechsel empfehlen sich in dieser Zeit nicht, weshalb bei Teilzeitkräften in der Regel sehr frühe Pausen unvermeidbar sind (Kramer & Gutknecht 2016, Gutknecht & Höhn 2017).

Unabhängig von der Gestaltung der Mahlzeiten – ob feste Uhrzeiten, offene Kinderbüfetts, Catering oder Essen aus der Brotdose – sollten beim Übergang folgende Aspekte berücksichtigt werden:

- Der Übergang wird transparent kommuniziert und folgt in seinen Handlungsschritten einer klaren Reihenfolge
- Wartezeiten werden minimiert
- Große Gruppenbewegungen werden vermieden
- Der Übergang sollte ein Händewaschen beinhalten

Essen-Lernen ist ein Entwicklungsthema, was sich auch in der Gestaltung der Übergänge widerspiegelt. Das Kind durchläuft so einen Prozess, der sich vom Schoßfüttern über das Füttern in Eins-zu-eins-Situationen bis hin zum eigenständigen Essen in einer kleinen Tischgemeinschaft vollzieht. Bei der Begleitung von

Kleinkindern im Vergleich zu älteren Kindern in einem weit höheren Maße „Verschluckrisiken“ und der individuelle Entwicklungsstand hinsichtlich der rotierenden Kaubewegungen zu beachten. Die Ess-Situation ist durch einen oft noch hohen Assistenzbedarf gekennzeichnet.

Problematische Mittagstischtraditionen

In vielen Kitas wird für alle Gruppen das Essen zur gleichen Zeit ausgegeben. Neben zwei Krippengruppen finden sich oft auch zwei Kindergartengruppen in einem großen Essensraum zur selben Zeit ein. Die Austeilung des Essens geschieht vielleicht über eine Ausgabestelle. Das hat zur Folge, dass lange Wartezeiten oft unvermeidbar sind, der Lärmpegel hoch ist und die Bewegungskulisse durch die vielen Kinder ein unruhiges Bild erzeugt. Eine solche Mahlzeitengestaltung ist für Kleinkinder nicht zu empfehlen und sollte unbedingt umgestaltet werden.
Auch dass der Caterer seine Anlieferungszeiten nicht umgestalten könne, kann aus pädagogischer Sicht nicht als Begründung gelten. Gutknecht und Höhn (2017: 63) drücken sich hierzu unmissverständlich aus: „Nicht die Kinder richten sich nach der Organisation des Caterers, sondern die Mahlzeitenorganisation mit hochwertigen Nahrungskomponenten richtet sich an den Grundbedürfnissen der Kinder aus“.

Umdenken in der Mahlzeitengestaltung

In vielen Kitas hat es sich bewährt, zwei Essenszeiten einzuführen. So können Kinder, die morgens sehr früh kommen und darum früher müde sind, oder die jüngsten Kinder zu einem früheren Zeitpunkt essen als die Kinder mit einem späteren Schlaf- oder Ruhebedarf am Mittag. Die Essenszeit richtet sich also insbesondere auch an den Hunger- und Müdigkeitssignalen der Kinder aus. Prinzipiell kann eine frühe Ess-Zeit schon um 11 Uhr und eine späte um 12 oder 12:30 Uhr eingeführt werden (Gutknecht & Höhn 2017). Zu beachten sind dabei die erlaubten Standzeiten des Essens im Sinne der Hygieneverordnung. Über eine Frischkoch- oder Regenerationsküche ist dies möglich.

Eine Aufteilung der Kinder in verschiedene Zeitgruppen erfordert jedoch auch ein Umdenken in der Planung der Mikrotransitionen:

- Wie kommen und verlassen die Kinder den Essensraum oder den Essensbereich?
- Wie können Ess- und Spielbereich abgetrennt werden?
- Wie finden die Kinder ihren Sitzplatz?
- Wie wird das Personal aufgeteilt und welche Aufgaben haben die einzelnen Fachpersonen?

Gerade wenn der Ess-Raum auch als Spielraum genutzt wird, ist es möglich, dass sich

ein Abgrenzen von Ess- und Spielbereich als schwierig herausstellt. Bei großer Flexibilität im Umgang mit dem Essen kommt es zudem häufiger vor, dass ein bis zwei Fachkräfte „gefühlt" den ganzen Tag das Essen begleiten. Da diese zeitliche Beanspruchung oft zu Problemen der Tagesgestaltung um das Essen herum führt, kehrt das Team meist wieder zum gemeinsamen Essen zurück. Bei der Gestaltung der Mahlzeiten greifen Beziehung, Emotionen, Raum und Organisationsaspekte ineinander, weshalb es hier keine allgemeingültige Lösung gibt. Lassen Sie sich daher von den Ideen anregen und erproben Sie, was zu Ihrem Team und zu Ihren Räumen am besten passt.

Mikrotransitionen und das Handling bei den Mahlzeiten

Für die Übergangsgestaltung sind die Körper-Positionen bedeutsam, die Fachkräfte und Kinder während der Mahlzeiten einnehmen. Deshalb gilt es insbesondere das Mobiliar und den gesamten Mahlzeitenbereich zu analysieren, denn hierdurch kann der Übergang deutlich verändert werden. Zu reflektieren sind folgende Aspekte:

- Sitzt das Kind auf einem Hochstuhl oder einer Hochbank auf Erwachsenenhöhe?
- Benötigt es somit für den Gang an den Tisch Assistenz von den pädagogischen Fachkräften, um sich hinzusetzen?
- Müssen die Fachkräfte Kinder hoch- und herunterheben oder Hochbänke, auf denen mehrere Kinder sitzen, vor- und zurückschieben?
- Soll zum Gang an den Tisch auch eine vorhergehende Mithilfe beim Tischdecken gehören? Dies wäre bei einem Tisch auf Erwachsenenhöhe gar nicht möglich.
- Ist der Hochstuhl oder die Hochbank mit einer Platte ausgestattet, sodass das Kind beim Sitzen Stabilität von der Fußfläche her aufbauen kann? Dies ist wichtig für den Prozess des Kauen-Lernens, für die Stabilität beim Sitzen und zur Verminderung des Verschluck-Risikos.

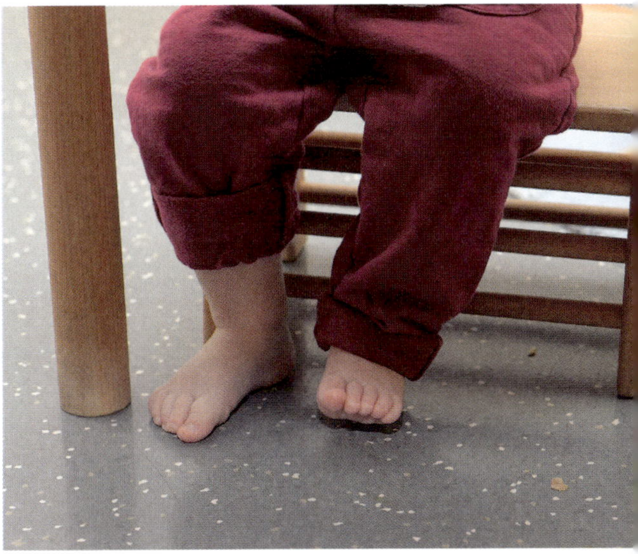

So kann das Kind beim Sitzen Stabilität von der Fußfläche her aufbauen

Die Entscheidung für Tische und Stühle auf Höhe der Kinder wirkt sich auf die körperliche Belastung der Erwachsenen aus. Pädagogische Fachkräfte benötigen einen höhenverstellbaren Rollhocker, der so tief herunterzufahren ist, dass die Interaktionsebene mit dem Kleinkind als noch einigermaßen auf Augenhöhe und im Blickkontaktsbereich empfunden wird. Ist dies nicht gegeben, verlassen Fachkräfte häufig den Hocker und nehmen ergonomisch nicht vertretbare Körperpositionen ein.

Beispiel | Frau Müller empfindet die Sitzhöhe des Rollhockers in der Kita für die Assistenz bei der Mahlzeit als viel zu hoch, um eine gute Interaktionsebene mit den Kindern zu haben. Oft sitzt sie daher im Fersensitz auf den harten Bodenfliesen am Tisch. Zum Anlegen der Lätzchen geht sie im Kniestand von Kind zu Kind und legt die Lätzchen um.

Anregung: Vor der Mahlzeit kann eine Station eingerichtet werden, wo eine Fachkraft auf dem Hocker sitzend den Kindern die Lätzchen umlegt. Viele Kinder genießen diesen kurzen Moment im Blick-Kontakt mit der Fachkraft als Moment der Beziehungsstärkung. Wenn das Lätzchen umgebunden ist, gehen die Kinder zum Tisch und setzen sich selbstständig auf ihren Hocker oder Stuhl. Bei diesem Vorgehen wird vermieden, dass sich die Fachkraft bei jedem Kind bücken muss oder sich in andere ungünstige Körperhaltungen begeben muss, um das Lätzchen umzulegen. Auch ist dieses Vorgehen weniger anstrengend, als mit dem Rollhocker den Tisch zu umfahren.

Freie Sitzplatzwahl oder feste Sitzplätze?

Auch die Frage nach der Sitzplatzwahl wirkt sich auf den Übergang zum Essen aus. Je nach Gruppenzusammensetzung kann eine freie Sitzplatzwahl eine Zeit lang ebenso gut funktionieren wie eine feste Sitzordnung. Kommen neue Kinder in die Gruppe, muss möglicherweise die Sitzplatzwahl der Kindergruppe neu angepasst werden. Feste Sitzplätze werden dabei von vielen Kindern – aber in vielen Kontexten auch von Erwachsenen – bevorzugt.

Eine feste Sitzordnung ist für Kindergruppen dann ganz besonders wichtig, wenn ein höherer Bedarf an Struktur erkennbar ist. Das ist daran abzulesen, dass Kinder um Sitzplätze streiten, auf den Tisch zurennen und, um den „besseren" Platz zu ergattern, soziale Regeln außer Acht lassen. Auch wenn Kinder irritiert und verunsichert auf die freie Sitzplatzwahl reagieren, sollte über eine feste Sitzplatzwahl nachgedacht werden. So kann es kleine Kinder belasten, „ihren Platz" besetzt vorzufinden. Deshalb verläuft die Mikrotransition an den Esstisch bei festen Sitzplätzen in vielen Gruppen ruhiger ab und vermittelt Sicherheit. Fotos der Kinder auf dem Tisch oder auf dem Stuhl oder bebilderte Tischsets können die festen Sitzplätze kennzeichnen. Kein Kind muss dann um seinen Platz kämpfen oder um seinen Platz fürchten, wenn es später an den Tisch kommt.

Manche Kitas arbeiten mit unterschiedlichen Tischen, die sich an den Kompetenzen der Kinder orientieren. Dabei gibt es Kinder, die an einem Pikler-Essbänkchen (siehe Foto) sitzen und gefüttert werden, sowie einen Tisch für die kleineren Kinder, bei dem eine feste Sitzordnung vorgegeben ist und der von einer assistierenden Fachkraft betreut wird. Kinder, die schon weiter in ihrer Ess-Entwicklung sind, sitzen an einem anderen Tisch, an dem auch andere Regeln gelten können, weil der Assistenzbedarf durch die Pädagogin geringer ausfällt. Auch dies beeinflusst die Gestaltung der Übergangssituation.

Argumente für eine Mischung der Kinder in Hinblick auf ihre Kompetenzen in den Bereichen Essen und Trinken beziehen sich insbesondere auf die Chance, dass sich die Kinder untereinander ein Ess-Modell bieten, das positive Auswirkungen auf das Probierverhalten von Kindern hat.

Offene Essenszeiten, in welchen die Kinder innerhalb einer gewissen Zeit zum Essen gehen können, lassen sich in der Regel nicht über feste Sitzplätze organisieren. Dennoch ist es manchen Kindern auch hier wichtig, einer festen Sitzordnung folgen zu können. Deshalb können bebilderte Tischsets, bebilderte Klammern an den Gläsern oder Ähnliches vorab von den Kindern oder den Fachpersonen an die Sitzplätze angebracht werden.

Gut regulierte Kinder genießen es oft – wie ein Zeichen von gewonnener Freiheit und Flexibilität –, wenn sie ihren Sitzplatz frei wählen und neben dem aktuellen Spielpartner, der Freundin oder Spielgefährtin sitzen können.

Tischrituale zum Essensbeginn

Feste Tischgruppen können von einem Tischritual profitieren. Der passende Tischspruch (siehe Kasten rechts) oder das Lied sollte kurz und wenig aufwendig ausgestaltet sein. Zu entscheiden gilt auch, ob jede einzelne Tischgruppe oder die ganze Kindergruppe im Raum das Eröffnungsritual gemeinsam begeht. So kann es hilfreich sein, dass jede Tischgruppe für sich selbst ein Ritual durchführt, wenn die Dynamik der Tischgruppen sich stark unterscheidet. Organisatorisch gelingt der Übergang besser, wenn die Kinder pro Tischgruppe nacheinander den Übergang von der letzten Aktivität übers Händewaschen zu ihrem Tisch vollziehen. Dabei können die Tischgruppen jedoch nicht gleichzeitig Platz nehmen, und es wäre nicht im Sinne der Kleinsten, wenn durch das Einhalten eines gemeinsamen Eröffnungsrituals erhebliche Wartezeiten entstünden. Oft fordern die Fachkräfte zum Ess-Beginn auf, sobald das Essen auf dem Teller liegt. Dies kann der Nutzung eines Tisch-Rituals entgegenstehen. Daher sollten die Fachkräfte mit ihrer aktuellen Gruppe schauen, ob das Tischritual die Abläufe erleichtert und verflüssigt sowie von den Kindern freudig umgesetzt wird oder ob das Tischritual einen Stressor im Ablauf darstellt.

Tischspruch 1
Wir sitzen beisammen,
der Tisch ist gedeckt.
Wir wünschen einander,
dass es gut schmeckt:
Guten Appetit!

Tischspruch 2
Viele kleine Fische
schwimmen heut zu Tische,
reichen sich die Flossen,
dann wird kurz beschlossen,
jetzt nicht mehr zu blubbern,
stattdessen was zu futtern,
drum rufen alle mit:
Guten Appetit!

Der gedeckte Tisch

Die Entscheidung für einen eingedeckten Kindertisch mit kleinen Krügen zum Selbsteingießen und mit kleinen Schüsseln zum Selbstschöpfen führt oft dazu, dass der Prozess der Versorgung länger dauert. Das Vorgehen kann jedoch die Selbstständigkeit und die Kompetenzerweiterung beim Kind in positiver Weise fördern. Wichtig ist hier die sorgfältige Beobachtung der Kleinkinder. Wenn die Kinder von ihrer Entwicklung noch gar nicht so weit sind, dass sie das Einschütten von Getränken und das Schöpfen von Speisen bewältigen können, kommt es nicht selten zu vielen Pannen und Fachkräfte beginnen in der Folge zu reglementieren und zu maßregeln. So entsteht eine angespannte Ess-Situation. Hier sollten die Fachkräfte die Versorgung noch verantworten. Kinder sind in der Regel mit hoher Motivation dabei, die Handlungen am Tisch zu erlernen.

Tipp | Besonders müde, sehr hungrige und weniger kompetente Kinder profitieren davon, wenn das erste Schöpfen von der Fachkraft übernommen wird und erst beim zweiten Schöpfen von den Kindern selbstständig ausgeführt wird. Denn in diesen schwierigen Regulierungszuständen kann es mitunter sehr herausfordernd für Kinder sein, lange auf das Essen warten zu müssen.

Tipp | Steht das Essen in Schüsseln bereits auf dem Tisch, sollte es von den Kindern über Glasschüsseln oder flache Servierteller gut zu sehen sein. So muss sich kein Kind hinstellen oder gar auf seinen Stuhl klettern, um in die Schüsseln blicken zu können (Gutknecht & Höhn 2017).

Vom Esstisch weg – Aufstehen und Aufräumen

Da Kinder Mahlzeiten unterschiedlich erleben, müssen Fachkräfte die teilweise gegensätzlichen Emotionen und Befindlichkeiten der Kinder gut regulieren. Den einen hat es geschmeckt und sie sind fröhlich und entspannt, die anderen haben das Essen verweigert und wollen schnell aufstehen, die nächsten sind vielleicht schon sehr müde. Fachkräfte benötigen ein vielfältiges responsives Handlungsrepertoire und müssen im Team gut abgestimmt arbeiten, um eine harmonische Stimmung zu erzeugen und zu erhalten. Festzulegen ist auch, welche Routine nach dem Essen folgt und was das für die Planung der Übergangsgestaltung bedeutet.

Für die Übergangsgestaltung vom Tisch weg sollten Teams mit Blick auf die Folgeaktivität und die damit verbundenen Aufgaben für den nächsten Übergang auf folgende Fragen eine Antwort finden:

- Wann dürfen die Kinder nach dem Essen aufstehen?
- Wie viel können/sollen sie beim Aufräumen helfen?
- An welchen Ort gehen sie nach dem Aufstehen und Aufräumen?
- Was dürfen sie dort tun?
- Wie und von wem werden sie bei diesem Übergang begleitet?

Sitzen bleiben oder aufstehen?

Die Frage, ob die Kinder nach dem Essen gleich aufstehen dürfen oder auf die anderen Kinder warten sollten, wird in der Praxis der Kleinkindpädagogik unterschiedlich gehandhabt.

Folgende Aspekte gilt es zu beachten:

1. Gruppendynamik: Wie lange können die einzelnen Kinder warten?
2. Personalgröße: Wer kann mit aufstehen, wer bleibt bei den Kindern sitzen?
3. Raumbedingungen: Können sich die Kinder an einen einsehbaren Ort ohne Begleitung begeben oder muss eine Fachkraft den Esstisch dafür ebenfalls verlassen?

Auch gilt der Grundsatz: Zu lange Wartezeiten sind zum Wohle des Kindes zu vermeiden! Wartende Kinder reagieren zudem oft mit herausfordernden Unruhe-Handlungen am Tisch.

Beispiel | Die Kita Wurzelhäuschen hat eine angenehme Mittagsroutine gefunden. Die Pädagogen Elena und Martin begleiten jeweils eine Kleingruppe bei der Mahlzeit. Die zweijährige Lydia, die mit dem Essen schon fertig ist, geht zum Ankerplatz, der von den Pädagogen gut zu sehen ist, und beschäftigt sich mit den Büchern dort. Nach und nach stoßen weitere Kinder hinzu. Sie warten, bis Martin aufstehen und sich um die Kinder am Ankerplatz kümmern kann. Nacheinander nimmt er jene Kinder zum Wickeln mit, die eine neue Windel zum Schlafen benötigen. Dann hilft er am Ankerplatz beim Ausziehen.

Abläufe nach dem Essen

Ein Beistellwagen oder ein Tablett in unmittelbarer Nähe eröffnet älteren Kleinkindern die Möglichkeit zum selbstständigen Aufräumen. Nur wenn die Kinder tatsächlich in ihrer Entwicklung so weit sind, dass es ihrer Kompetenz bereits entspricht abzuräumen, ist die Beteiligung günstig. Gut zu reflektieren ist die Einführung eines Eimers für Speisemüll. Manche Kleinkinder schaben so gerne Essen in den Speisemülleimer, dass sie dafür extra Essen übrig lassen. Das Modell des Wegwerfens

großer Mengen an Lebensmitteln ist problematisch. Es kann hier günstiger sein, wenn die Erwachsenen Essensreste in einer Schüssel sammeln, die später von ihnen entsorgt wird.

Die Erst- bzw. Selbstreinigung vor Ort

Gerade im Übergang zum Schlafen kann der Besuch im Waschraum zu einem ungewollten Erregungskatapult werden und den Ablauf massiv stören. Aber auch in anderen Situationen ist der Übergang in den Waschraum mit verschmutzten Händen sowie das Händewaschen nach dem Essen oft mit einem hohen Organisationsstress unter den Fachkräften verbunden. Daher kann es sinnvoll sein, wenn die Erstreinigung nach dem Aufräumen im Essensraum stattfindet. Dazu nimmt sich das Kind ein vorbereitetes feuchtes Baumwolltuch oder einen Waschlappen und reinigt sich, wenn nötig mit Unterstützung einer Fachkraft, Hände und Gesicht. Ein Spiegel an der Wand oder für die Hand hilft, die Essensreste zu erkennen und die Selbstreinigung vornehmen zu können. Sind die Hände und das Gesicht grob gereinigt, kann das Händewaschen zu einem späteren Zeitpunkt innerhalb der Mikrotransition aufgegriffen oder zu einem späteren, günstigeren Zeitpunkt am Tag vorgenommen werden.

> Tipp | Wenn Sie die Baumwolltücher schon am Morgen vorbereiten, indem Sie sie in einem Aufwärmbehälter mit heißem Wasser übergießen und mit einem Deckel verschließen, dann sind sie zum Mittagessen schön warm.

Wenn der Übergang vom Essen in den Waschraum „entstresst" werden soll, kann ein Ankerplatz installiert werden. Ist dies im Essensraum nicht möglich, sollten die Kinder zusammen mit einer Fachkraft einen für die Folgeaktivität strategisch günstigen Raum oder alternativen Ankerplatz aufsuchen. Die nächste Kleingruppe kann nachgeschickt oder durch eine zweite Fachkraft begleitet werden. Ist die Entfernung etwas größer und steht keine weitere Fachkraft zur Verfügung, lässt sich mithilfe eines Walkie-Talkies eine gute Kommunikationskette zwischen der Fachkraft im Essensraum und jener am Ankerplatz schaffen. Die Kinder müssen dann vielleicht abgeholt werden.

6.4 Drehbuch-Skript zum Schlafen und Ruhen

Für das Skript vom Schlafen und Ruhen haben sich gut geplante Mikrotransitionen im Kita-Alltag als ein wesentlicher Dreh- und Angelpunkt für eine stressreduzierende Vorgangsweise erwiesen. Die gute Qualität der Übergangsgestaltung führt dazu, dass Kinder beim Übergang zum Schlafen auch in einen Spannungsabbau hinein begleitet werden. Bei ungenügender Gestaltung der Mikrotransition wird meist ausgerechnet vor dem Schlafen und Ruhen noch einmal massiv Spannung aufgebaut. Aufregend gestaltete Stationen, große Gruppenbewegungen, Langeweile, bewegungsfördernde Wegformen wie lange Flure, Treppen, große Hallen können genau diesen Effekt haben: Plötzlich ist ein gerade noch müdes Kind, das am Mittagstisch fast eingeschlafen ist, wieder topfit.

Die Modellwirkung der Fachpersonen darf für die Übergangsgestaltung mit dem Ziel eines Spannungsabbaus nicht unterschätzt werden. Wie bewegen sich die Fachpersonen im Raum? Wie laut sprechen sie mit den Kindern oder untereinander? Wie ist ihr Sprechtempo, ihre Tonhöhe? Auch wenn eine achtsam gestaltete Mikrotransition einen hohen Regulierungseffekt besitzt, kann das Verhalten der Fachpersonen während des Übergangs den Regulierungseffekt verstärken oder aufheben. Aus diesem Grund ist es sehr wichtig, dass das Verhalten, die Stimmmodulation und die Bewegungsführung der Fachkräfte mit den Erfordernissen der zu begleitenden Mikrotransition übereinstimmen.

Im Fachbuch Schlafen in der Kinderkrippe (Kramer & Gutknecht 2016) findet sich insbesondere die Mikrotransition Schlafengehen für die Krippenpraxis sehr detailliert ausgearbeitet. Dabei gilt es den Übergang daraufhin zu überprüfen, welche Stationen und Wege wirklich notwendig sind und welche zum besseren Gelingen des Übergangs möglicherweise ausgeklammert bzw. an eine andere Stelle des Tages verschoben werden können. Zu bedenken sind hierfür folgende Aspekte:

Zeitpunkt des Wickelns

Die Kinder sollten bereits vor dem Mittagessen gewickelt worden sein. Nach dem Essen kann dann nach Bedarf gewickelt werden. Diese Kürzung der Station spart Zeit und lenkt den Aufmerksamkeitsfokus auf die anderen wichtigen Übergangsprozesse.

Händewaschen und Zähneputzen nach dem Mittagessen

Die Handhygiene ist wichtig (siehe Kapitel 6.5.1), aber für die Übergangsgestaltung zum Schlafen und Ruhen möglicherweise ein Stressfaktor. Ein Gruppe Kinder, die mit kaltem

Wasser im Waschraum agiert, kann wieder hellwach werden. Die gründliche Handhygiene sollte daher für die Mehrheit der Kinder vor dem Essen und nach dem Schlafen stattfinden. Nach dem Essen wird dann nur bei Bedarf, d. h. bei Kindern mit sehr verschmutzten Händen nochmals im Waschraum ein Händewaschen begleitet. Für die meisten Kinder reicht eine grobe Hand- und Gesichtsreinigung durch feuchte Baumwolltücher aus. Der Prozess der intensiveren Handhygiene nach dem Aufstehen unterstützt durch den Umgang mit dem Wasser die Aufwachphase.

Zwar gehört die Zahnhygiene zur Aufgabe der Eltern und nicht zu den Aufgaben der Kita. Letztere kann allerdings den Aufbau einer Zahnpflege-Routine fördern. Wenn das Zähneputzen in der Phase nach dem Schlafen erfolgt, kann auch diese Aktivität das Kind beim „Wieder-in-die-Gänge-Kommen" sehr unterstützen.

Umziehen im Schlafraum

Das Umziehen stellt im Übergangsprozess zum Schlafengehen häufig eine Hürde dar. Müde Kinder haben meist nur geringe Lust und Kraft, sich allein auszuziehen und dann einen Schlafanzug wieder anzuziehen. Im Schlafraum entsteht eher Unruhe, Kinder müssen warten und ihre Langeweile oder Müdigkeit kompensieren. Aus diesem Grund ist es häufig sinnvoller, das An- und Ausziehen außerhalb des Schlafraumes zu gestalten. Das kann innerhalb eines Ankerplatzes geschehen oder als konkrete Station in den Ablauf eingeplant werden.

> Tipp | Das Bereitstellen von Kleiderkisten, die von den Kindern für das Verstauen ihrer Kleidung selbstständig geholt werden können, begünstigt den Ablauf. In den Kisten sollten sich sowohl die Schlafutensilien der Kinder als auch ihre Übergangsobjekte (Teddy, Schnuller etc.) befinden, die sie auf das Schlafengehen einstimmen.

> Tipp | Es kann hilfreich sein, wenn die Schlafutensilien bereits am Morgen an bzw. in die Betten gelegt werden. Indem die Bezugspädagogin dies gemeinsam mit „ihren Kindern" gestaltet, wird für die Kinder schon am Morgen die Alltagsroutine Schlafengehen in den Tagesablauf einbezogen. Die Organisation durch das Bereitstellen der Schlafutensilien ist somit schon vollzogen und baut Widerstände bei den Kindern ab, da sie von Anfang an aktiv am Prozess teilnehmen können und sich in der Regel auf ihre Schlafbegleiter freuen, die auf sie warten.

Strukturierung des Ablaufs durch magische Momente

Müde Kinder haben meistens Schwierigkeiten, kognitiv am Prozess des Schlafengehens teilzunehmen. Viel einfacher ist es für sie, einer bekannten, täglich wiederkehrenden Struktur zu folgen, in der sie wenig Anweisungen verarbeiten und nicht mehr aktiv mitdenken müssen. Als überaus wirkungsvoll erwiesen hat sich in diesen Übergängen das Erzeugen sogenannter „magischer Momente" (Kramer 2013). Die Abläufe werden über gezielt eingesetzte sinnliche Erfahrungen – also über das Sehen, Riechen, Hören, Fühlen – mitgestaltet. Meist wird die Atmosphäre im Raum deutlich verändert und dadurch das dazugehörige Ablauf-Skript ausgelöst. Sinnvoll eingesetzte „magische Momente" sprechen die Kinder emotional an und ersetzen lange Erklärungen und Anweisungen vonseiten der Fachkräfte. In der Regel reichen kleine sprachliche Impulse aus, um das gewünschte Skript in Erinnerung zu rufen. Der Kasten auf S. 80 zeigt bewährte magische Momente, mit denen sich die Atmosphäre im Raum zugunsten eines Spannungsabbaus verändern lässt.

Veränderung der Lichtverhältnisse:

- das Abdunkeln des Raumes, in dem sich die Kinder vornehmlich vor dem Schlafengehen befinden, signalisiert, welche Zeit/welche Aktivität nun anbricht. Es unterstützt den Aufbau schlaffördernder Hormone (z. B. Melatonin).
- Auch das Einschalten spezieller Lichtquellen besitzt eine klare Botschaft. Eine Salz-, Lava-, Wasserlampe oder auch eine Lichterkette o. Ä. verströmt im abgedunkelten Raum ein weiches, warmes Licht mit einer gelben oder orangen Tönung. Es wird immer nur zu dieser Zeit eingeschaltet und vermittelt somit deutlich, dass nun die Aktivitäten Schlafen oder Ruhen folgen. Auch im Schlafraum selbst kann eine solche Lichtquelle eingesetzt werden. Sie nimmt Ängste und vermittelt Ruhe und Entspannung.
  Wichtig: Die Lichtquelle sollte kein wach machendes helles weißes oder blaues Licht verströmen.

Veränderungen des Raumklangs:

- Angenehme, leise Musik zur Übergangsgestaltung oder zum Willkommenheißen der Kinder im Schlafraum kann zur Ruhe beitragen. Die Musik sollte allerdings keine zusätzliche Geräuschkulisse darstellen und eignet sich nur für den Beginn. Der Übergang zum Einschlafen sollte eher ohne Musik stattfinden, um die Kinder nicht an die Musik als unumgängliches Einschlafmittel zu gewöhnen.
- Flure oder Raumabschnitte können durch dicke Vorhänge (Achtung, Brandschutz!) abgetrennt werden und kleine Räume bilden. Geräusche von außen werden abgeschirmt und die inneren Geräusche wirken dumpf und leise. Auch die Lichtverhältnisse verändern sich. Ein Innehalten und Erinnern an den nächsten Schritt („wir gehen jetzt ganz leise in den Schlafraum") kann hierdurch stimmungsvoll eingeläutet werden.
- Klangschalen besitzen einen weichen Klang und eine beruhigende Wirkung. Sie sind gut geeignet in der Übergangsgestaltung, sollten aber nicht zum Übergang in den Schlaf, d. h. im Schlafraum, Einsatz finden.

Raumduft:

- Ein gut durchlüfteter frischer Raum ist besonders schlaffördernd.

Magische Figuren als Übergangsbegleiter

Manche Wege, wie z. B. das Überwinden einer langen Treppe, können dazu führen, dass Kleinkinder den Auftrag des Übergangs oder der Folgeaktivität vergessen. In Momenten des kurzen Innehaltens können deshalb magische Figuren zum Einsatz kommen wie der „Schlaf-Rabe" oder die „Schlaf-Fee".

> Beispiel | Nach der Treppe, kurz vor dem Schlafraum setzen sich die Kinder noch einmal auf den Boden. Früher sind sie einfach in den Schlafraum gestürmt. Seit aber die Schlaf-Fee auf sie wartet, hat sich das Eintreten in den Schlafraum verändert. Eine Handpuppe, die am Schlafraum auf sie wartet, wird von einer Fachkraft aufgesetzt und erwacht damit zum Leben. Sie spricht zu den Kindern oder singt ein ruhiges Lied, je nachdem, welche Fachkraft sie trägt. Die Kinder werden wieder ruhiger. Sie erinnert die Kinder auch daran, dass sie leise in den Schlafraum schleichen und sich gleich in ihr Bett hineinkuscheln dürfen. Am Ende streicht sie mit ihrem Zauberstab über die Haut der Kinder und sagt Gute Nacht.

Magische Figuren können auch den kompletten Übergang mitgestalten. Im Gruppenraum sitzt beispielsweise ein Schlafschaf auf seinem Stuhl und wartet auf die Kinder. Es hat im Schlafraum sein eigenes kleines Bett und kann von den Kindern gesehen werden. Von der Fachkraft oder einem Kind wird es ins Bett gelegt und zugedeckt. Für das Schlafschaf sind die Kinder gerne leise, und wenn eines mal erwacht, schaut es nach dem Schaf und weiß, dass alles gut ist.

Das Aufwachen begleiten

Kramer und Gutknecht (2016) machen deutlich, dass auch das Aufwachen und das Wieder-in-eine-Spieltätigkeit-Hineinfinden für manche Kinder schwieriger zu bewältigen ist als für andere Kinder. Viele gerade erwachte Kinder verfügen noch nicht über eine vollständige Konzentrationsfähigkeit und können Aufträge kognitiv kaum verarbeiten. Die sogenannte Schlaftrunkenheit, unter welcher Teile des Gehirns erst mit der Zeit erwachen, ist bei Kindern wie auch bei Erwachsenen unterschiedlich stark ausgeprägt und nicht wirklich gut beeinflussbar. Es dauert manchmal bis zu 15 bis 30 Minuten (ab 30 Minuten wird diesbezüglich von einer Schlafstörung gesprochen), bis das Kind wieder in einem voll wachen Zustand angekommen ist. Es sollte bis dahin geschont werden. Wachheit ist daran zu merken, dass das Kind sich mit Lust und Freude einer Spieltätigkeit zuwendet. Dann können die Folgeaktivitäten wie das Anziehen, Wickeln, Händewaschen, Zähneputzen etc. ohne Weiteres eingeleitet werden. Kleine

Wachmacher wie gesunde Snacks (z. B. Obst) und Trinkangebote, eine gute Stimmung im Raum und viel natürliches Licht helfen, die letzten Schlafhormone zu vertreiben und das Aufwachen zu einem angenehmen Erlebnis zu machen.

Ruhen statt Schlafen

Studien von Staton, Smith und Thorpe (2015) sowie Fukuda und Asaoka (2004) haben nachgewiesen, dass Kinder ohne Schlafbedarf nicht zum Ruhen im Sinne von Liegen müssen gezwungen werden sollten. Das erzwungene Liegen wirkt auf kleine Kinder nicht spannungsabbauend, sondern fördert kontraproduktiv die Ausschüttung von Stresshormonen, wie Cortisol, die sich auf das Bett- und Schlafverhalten am Tag und in der Nacht negativ auswirken können.

Nichtsdestotrotz zeigen auch Kinder ohne Schlafbedarf Anzeichen von Müdigkeit, was der inneren Uhr geschuldet ist, welche sich in 24 Stunden durch mehrere Hochleistungsphasen und Leistungsabfälle bewegt (Zulley & Knab 2014). Kinder unter drei Jahren benötigen statt einer erzwungenen Liegephase eher eine beruhigende, spannungsabbauende Zeit. Folgende Aktivitäten und Materialien können in der Entspannungszeit angeboten werden:

- Bücher vorlesen
- Puzzeln, Steckspiele machen
- Mit Aktivitäts-Tabletts (Bostelmann & Fink 2015) und Schatzkisten arbeiten
- Mit Wasser oder Sand spielen
- Massage-Spiele
- Spazieren gehen
- …

Da Kinder unterschiedlich auf diese Tätigkeiten reagieren, muss genau darauf geachtet werden, welches spannungsabbauende Material für welches Kind in der ruhigen Phase angeboten werden soll.

Tipp | Eine angemessene Angebotsvielfalt kann z. B. über eine „Zauberkiste" präsentiert werden. Immer wenn die ruhige Zeit anbricht, wird die Zauberkiste von der Fachkraft hervorgeholt. Darin liegen zwei bis drei Materialien (oder Bilderkarten von den Materialien), denen sich das Kind zuwenden kann. Die Materialien werden zuvor von der Fachkraft mit Blick auf die regulierende Wirkung auf die Kinder ausgesucht.

Tipp | Nennen Sie die ruhige Zeit nicht „Ruhe-Phase", sondern geben Sie ihr einen tätigkeitsbezogenen Namen wie z. B. Zauberkisten-Zeit. Dadurch wird es einfacher, sich von der häufig bestehenden Assoziation Ruhen = Liegen zu lösen und Ideen für eine beruhigende, aber tätigkeitsbezogene Gestaltung zu entwickeln.

6.5 Drehbuch-Skript zum Waschraum: Händewaschen, Wickeln & Co

Der Waschraum einer Kita ist der Ort, an dem in sehr umfassender Weise die Lebensaktivität „den eigenen Körper pflegen" im Mittelpunkt steht. Auch bei den Kommunikationsprozessen stehen Körperthemen im besonderen Fokus. Im Waschraum werden die Hände gewaschen und abgetrocknet, die Zähne geputzt, das Gesicht mit einem Tuch gereinigt, mit Blick in den Spiegel die Haare gekämmt und gebürstet. In vielen Waschräumen sind Töpfchen, Toiletten und die Wickeltische untergebracht, sodass die Kinder hier auch in der

Lebensaktivität ausscheiden begleitet werden, also auf ihrem langen und mehrjährigen Weg – oft, bis sie drei oder vier Jahre alt sind – zur Ausscheidungsautonomie. In der Kleinkindpädagogik ist der Waschraum somit ein wichtiger und zentraler Bildungsort, in dem das Kind lebenslang wichtige Selbstpflegekompetenzen (Orem 1997) aufbauen kann.

Werden die Mikrotransitionen in den Waschraum hinein genauer betrachtet, so sind Situationen die Regel, in denen Kinder aus Alltagsaktivitäten wie essen oder spielen heraus in Pflegeaktivitäten wechseln. Folgende Aspekte gilt es deshalb besonders zu beachten:

- das Ankündigen der Aktivität
- der Zeitfaktor: ausreichend Zeit einräumen
- die räumlichen Herausforderungen des Übergangs, die sorgfältig einzuplanen sind

Für das Drehbuch-Skript zum Waschraum muss auch unterschieden werden zwischen Übergängen, bei denen z. B. beim Händewaschen eine Kleingruppe von Kindern gemanagt werden muss, sowie Übergängen, die in der Begleitung der Fachkraft von nur einem Kind bestehen, wie beim Wickeln (siehe Kapitel 6.5.2).

6.5.1 Mikrotransitionen zum Händewaschen

Die Begleitung einer Kindergruppe in den Waschraum zum Händewaschen muss immer auch vor dem Hintergrund der vorausgehenden Situation betrachtet werden:

- Händewaschen vor und nach dem Essen
- Händewaschen nach dem Toilettengang, evtl. nach dem Wickeln
- Händewaschen nach dem Hereinkommen von draußen (Garten/Ausflug)
- Händewaschen nach einem Angebot (z. B. Malen mit Farben)

Das Händewaschen zu begleiten ist somit eine Alltagsroutine, die viele Male am Tag aus unterschiedlichen Gründen stattfindet. Bei der Gestaltung dieser Situationen rund um das Händewaschen fallen sehr typische Herausforderungen auf, die wir im Folgenden näher betrachten wollen.

Große Kontraste in den Skripts von Kindern und Fachkräften

Im Freiburger Feldforschungsprojekt „Achtsames und responsives Handling" wurde die Waschraum-Situation über zahlreiche Videografien untersucht (Daldrop, Stehmeier & Gutknecht 2018). Dabei war zu beobachten, dass Kinder und Erwachsene sehr unterschiedliche Alltags-Skripts zum Waschraum haben. Kleinkindern gingen mehrheitlich spielerisch explorierend auf das Waschbecken/die Waschrinne zu und hielten ihre Hände direkt unter den Wasserhahn, sodass das Wasser in alle Richtungen spritzte. Eine herrliche Erfahrung von Selbstwirksamkeit. Oft mussten die Kinder nach dieser Aktion komplett wieder umgezogen werden.

Für die Fachkräfte geht es, wenn der Waschraum explizit zum Händewaschen aufgesucht wird, auch tatsächlich um das Säubern der Hände. Dieser Vorgang soll in einer vertretbaren Zeit abgeschlossen werden können, ohne dass Kinder danach durchnässt sind und komplett umgezogen werden müssen. In der Regel hat die Fachkraft auch die Notwendigkeiten der Folgeaktivitäten im Blick. Bei der Begleitung des Händewaschens prallen somit unterschiedliche Erwartungen zum Ablauf aufeinander: das Ordnungs-Skript der Fachkraft und das Spiel-Skript der Kinder. Den Fachkräften kommt deshalb die Aufgabe zu, die Kinder so zu begleiten, dass sich neben dem Spielskript auch ein freudvolles Hände-Wasch-Skript entwickeln kann. Dies ist eine wirkliche Herausforderung: Das Aufeinanderprallen der unterschiedlichen Skripts und auch der Zeitaspekt führen in vielen Fällen dazu, dass die Fachkräfte die Situation mit einem spürbar gereizten Tonfall begleiten und sich eine Atmosphäre institutioneller Eile und Hektik einstellt.

Anregung: Händewaschen als freies Spielangebot

Das Händewaschen kann als freies Spielangebot außerhalb der Mikrotransitionen angeboten werden. So erlernen die Kinder im Spiel mit dem Wasser und der Seife den Umgang damit und entwickeln Freude an der Tätigkeit. Die begleitende Fachkraft kann bei Interesse den Vorgang zum Händewaschen in der Spielaktivität aufgreifen und vormachen. Auch das Abtrocknen danach ist als ein wichtiger Bestandteil der Spielhandlung einzubeziehen.

Das Risiko von Crowding-Effekten und herausforderndem Verhalten

In vielen Kitas gibt es zu wenige Handwaschbecken für zu viele Kinder, wodurch Wartesituationen entstehen. Wenn Fachkräfte hier keinen genauen Handlungsplan zur Waschraum-Situation untereinander abstimmen und die Kinder gezielt gruppieren, drängeln sich die Kinder regelmäßig an den Wasserhahn oder an die Plätze an der Wasserrinne, schubsen sich gegenseitig zur Seite oder beißen gar. Wasser spritzt, Kinder und Fachpersonen werden nass und durch den Hall wird die bestehende Lautstärke noch verstärkt. Manche Kinder sind mit der Situation so überfordert, dass sie anfangen zu weinen. Die Fachkräfte haben nun die große Aufgabe, mehrere Kinder gleichzeitig zu regulieren, zu ermahnen, umzuziehen und nebenbei auf das Einhalten einer hygienischen Händewaschroutine zu achten. Räumliche Enge und Gedränge, Lärm und Zeitdruck befördern zudem eine Fließbandabfertigung und einen gereizten und gestressten Befehlston, wie es Gräbe (2016) plastisch verallgemeinernd beschreibt.

„‚Stopp, nicht spritzen!', ‚Ordentlich einseifen!', ‚Nicht trödeln!', ‚Drängle nicht!', ‚Hört auf zu streiten!', ‚Schluss jetzt!', ‚Trockne dich ab!' … Solche und ähnliche Aussagen beim täglichen Händewaschen kennt sicherlich jede Erzieherin." (Gräbe 2016: 28)

„Waschraum-Chaos" führt in manchen Kitas dazu, dass Änderungen am üblichen Skript zum Händewaschen vorgenommen werden. Das Händewaschen soll dann zwar stattfinden, aber ohne Seife ausgeführt werden, damit der Ablauf sich schneller und auch reibungsloser vollziehen kann. Dabei kommt es oft zu unterschiedlichen Durchführungen bei den Fachkräften: Eine Fachkraft wäscht dann mit Seife, eine andere nicht. Mal bekommen die Kinder die erwartete Assistenz mit dem Seifenspender, mal nicht. Die Kinder werden unsicher im Aufbau ihrer Skripts, weil die Routinen nicht klar feststehen. Die Skripts haben oft Lücken. Unter Beachtung der Empfehlungen der Bundeszentrale für gesundheitliche Aufklärung (BZgA o. J.b) möchten wir die Bedeutung der korrekten Handwaschhygiene hervorheben (siehe Kasten). Händewaschen sollte möglichst mit Seife durchgeführt werden.

Durchführung des Händewaschens

Regelmäßiges Händewaschen beugt Krankheiten vor und reduziert das Infektionsrisiko um ein Vielfaches. „Wer regelmäßig die Hände wäscht, senkt deutlich das Risiko, sich zu infizieren und an Grippe, Magen-Darm-Infekten oder anderen übertragbaren Infektionen zu erkranken" (BZgA 2017). Idealerweise sollten die Hände mit Flüssigseife aus einem Spender und unter warmem Wasser ca. 20 Sekunden eingeseift und abgewaschen werden. Danach sollte ein gründliches Abtrocknen der Hände aus einem Papierspender folgen.

Kinder besitzen erst im Alter von vier Jahren die Fähigkeit, das Händewaschen selbstständig und richtig durchzuführen (Malenfant 2006). Kleinkinder sind motorisch noch nicht dazu in der Lage, ihre Hände hygienisch zu reinigen. Auch haben sie noch kein Verständnis zu dieser wichtigen Hygienemaßnahme. Sie sind daher darauf angewiesen, dass sie von responsiven Fachkräften an das Thema Händewaschen herangeführt werden und die geforderte Handsauberkeit mit der Zeit und durch Übung erlangen können. So beginnt in dieser Zeit das Heranführen an die Handwaschhygiene und sollte nicht nur Bestandteil der täglichen Alltagsroutinen sein, sondern auch als Bildungsmoment verstanden werden.

Tipp | Plakate, auf denen das Händewaschen kindgerecht in einer Schritt-für-Schritt-Abfolge dargestellt ist, können den Lernprozess des Kindes unterstützen. Informationen und Plakate für Erwachsene und Kinder sind zu finden auf der Homepage der Bundeszentrale für gesundheitliche Aufklärung (BZgA o. J.a).

Vor dem Übergang zum Händewaschen

Ältere Kleinkinder können nach und nach zum Händewaschen geschickt werden, jüngere werden meist abgeholt oder gehen in Kleinstgruppen zusammengefasst. Wenn die räumlichen Bedingungen sich schwierig gestalten, kann es notwendig sein, eine Teilgruppe der Kinder an einem Ankerplatz zu versammeln. Dafür eignet sich etwa ein Lied, das auf die Tätigkeit des Händewaschens vorbereitet (siehe Kasten unten). Die langen Ärmel der Kinder werden hier bereits heraufgeschoben, damit sie beim Händewaschen nicht nass werden und die Kinder später nicht umgezogen werden müssen. Unterstützend kann wirken, wenn die Fachkräfte die Tätigkeit „Ärmel hochschieben" synchron zum Lied vormachen und ggf. dabei helfen. Der Text beinhaltet genau die Aktivität, die von den Kindern erwartet wird.

Sammellied zum Händewaschen
Zur Melodie von „Bruder Jakob"

Kommt zum Teppich,
kommt zum Teppich,
setzt euch her,
setzt euch her,
schiebt die Ärmel hoch,
schiebt die Ärmel hoch,
das ist nicht schwer,
das ist nicht schwer.

Auch im Sommer, wenn die Kinder T-Shirts tragen, kann das Lied in gleicher Weise und mit gleicher Tätigkeit angestimmt werden. Das Ärmelhochschieben kann zum Lied simuliert werden und muss dann, wenn die kalte Jahreszeit anbricht, nicht mehr eingeführt werden.

Gruppen aufteilen

Insbesondere für Waschräume mit geringem Platz ist das Aufteilen der Kindergruppe sehr hilfreich. Kinder, die auf den Start zum Übergang in die Mikrotransition „Händewaschen" warten müssen, können an einem Ankerplatz warten, bevor sie aufgefordert werden in den Waschraum zu gehen. In der Regel reichen wenige Minuten für die vorangegangene Gruppe aus, um beim Händewaschen zum Ende zu kommen und den nächsten Weg, beispielsweise zum Essensraum oder Aktivitätsraum, zu beginnen. Analysieren Sie genau, ob ein Lied mit dem passenden Text ihre Mikrotransition erleichtert oder erschwert.

Während der Aktivität des Händewaschens

Im Waschraum sollten jeweils nur so viele Kinder am Handwaschbecken stehen, wie Wasserhähne zur Verfügung stehen. Zudem sollten innerhalb des Waschraums nur sehr kurze Wartezeiten entstehen. Dies ist dann möglich, wenn eine kleine Bank oder eine Rutschmatte aus Naturkautschuk, an welchen sich die Kinder einen Moment lang aufhalten, vorhanden sind. An dieser Haltestelle muss kein Spielmaterial platziert werden, da die Wartezeit bis zum Händewaschen kurz ist. Die Fachkraft koordiniert nun das Händewaschen und schickt die Kinder zum Ankerplatz zurück oder zur Fachkraft, die die Folgeaktivität koordiniert, während sie ein wartendes Kind zu dem freien Platz am Wasserhahn bittet.

Raumaspekte, die die Mikrotransition beeinflussen können

Die Waschrinnen im Waschraum sollten auf Höhe der Kinder angebracht sein, sodass im Idealfall kein Tritthocker für die Kinder bereitgestellt werden muss. Druckarmaturen eignen sich für das Krippenalter nicht, passender sind automatische oder handelsübliche Wasserhähne. Die Wassertemperatur sollte über einen Verstellschutz die Grenze von 43° C nicht übersteigen, um Verbrühungen zu vermeiden. Auch die Größe des Raumes entscheidet über die Interaktion während des Waschvorgangs.

Die Aktivität Händewaschen und Händeabtrocknen kann von der Fachkraft durch ein Lied wie z. B. „Hände waschen, Hände waschen muss ein jedes Kind" von Sommerland und Glück (2011, siehe Linkliste S. 111) oder über einen Spruch, der das Händewaschen begleitet, unterstützt werden. Lied oder Vers müssen genau die Bedeutung der Situation transportieren:

Spruch zum Händewaschen

1 und 2 und 3 und 4,
beide Hände waschen wir,
5 und 6 und 7,
mit Seife fein verrieben,
8 und 9 und schließlich 10,
Bakterien auf Wiederseh'n!

Zuerst mach' ich die Hände nass,
das macht mir immer großen Spaß!
Dann kommt die Seife noch hinzu,
gut verreiben, und im Nu
sind die Hände wieder sauber,
und das ohne großen Zauber.

Institut für Hygiene und Öffentliche Gesundheit Bonn

Der sprachliche, der Berührungs- und Bewegungsdialog beim Händewaschen

Beim Händewaschen begeben sich viele Fachkräfte im Zuge der Assistenzhandlungen neben dem sprachlichen auch in einen Berührungs- und Bewegungsdialog mit dem Kind. Hier muss die Situation genau daraufhin analysiert werden, wie viel Unterstützung angemessen ist. Zuweilen gestalten sich die räumlichen Bedingungen so ungünstig, dass Fachkräfte regelmäßig Kinder zum Waschbecken hochheben. Oft werden die Kinder dafür unter den Achseln hochgenommen, was jede Form der Partizipation verunmöglicht. Hier ist es wichtig, die Abläufe zu ändern und gezielt nach gut zu installierenden flexiblen Hilfsmitteln zu schauen. Auch sollte darauf geachtet, dass die Fachkraft keine belastende Körperhaltung einnehmen muss, um den Kindern zu assistieren.

Tipp | Laden Sie eine sowohl auf Ergonomie als auch auf Kindertherapie spezialisierte Physiotherapeutin in die Einrichtung ein, die Vorschläge zur Optimierung der Hilfsmittel im Raum und zu den Bewegungsabläufen von Erwachsenen und Kindern machen kann.

So gelingt der Dialog beim Händewaschen (Gutknecht, Kramer & Daldrop 2017)

- Kündigen Sie Berührungen oder Bewegungen an, um es dem Kind zu erleichtern, sich auf Positionswechsel, auf Ihre Berührungen oder Bewegungen einzustellen.
- Kündigen Sie Änderungen von Wahrnehmungseindrücken beim Händewaschen sprachlich an: „Gleich wird es warm! Gleich wird es kalt! Achtung, jetzt wird es nass!" etc.
- Verlangsamen Sie die Geschwindigkeit Ihrer Bewegungen, damit das Kind Bewegungen mit ausführen und motorisch nachvollziehen kann.

Nach der Aktivität des Händewaschens

Nachdem das Händewaschen vorüber ist, verlassen die Kinder nach und nach den Waschraum. Um zu verhindern, dass sich ein Knäuel vor der Tür bildet, muss dieser Prozess verlangsamt werden. Die Kinder können sich beispielsweise, bevor sie den Raum verlassen, von der Waschmaus verabschieden – einer Handpuppe, die vorher eingeführt worden ist. Wenn der Gruppenraum nicht einfach nebenan ist, versammelt sich eine Kleingruppe am Ankerplatz und die Fachkraft begleitet den Raumwechsel. Hier sollte darauf geachtet werden, dass die Kinder sich nicht mit den Händen auf den Boden begeben, um der Hygiene durch das Händewaschen Rechnung zu tragen.

6.5.2 Mikrotransitionen zum Wickeln oder zum Toilettengang

Die Pflegeroutine Wickeln ist ein wichtiger Bestandteil der Körperhygiene, der zum Wohlergehen des Kindes maßgeblich beiträgt und einen hohen Stellenwert in der Säuglings- und Kleinkindpädagogik einnimmt. Diese Pflegeroutine findet für jedes Kind mehrere Male am Tag statt. Sie kann als Erfahrungsmoment als angenehm und schön, innig und beziehungsvoll oder als unangenehm und hektisch, womöglich sogar schmerzhaft und ruppig abgespeichert werden. In der „beziehungsvollen Pflege nach Pikler" (Pikler & Tardos 2014) wird das Wickeln als Pflegehandlung betrachtet, über die sich ein inniger Moment des beziehungsvollen Kontakts zwischen Fachkraft und Kind aufbauen lässt.

Schnelles „Abwickeln" der Kinder, um den pädagogischen Alltag durch das Wickeln weniger zu stören oder dadurch weniger Zeit zu verlieren, ebenso wie Wickeln am Fließband sind hingegen als Funktionspflege abzulehnen. Gutknecht, Kramer und Daldrop (2017) führen dazu aus, dass insbesondere eine erzwungene Passivität bei Pflegehandlungen von Kindern oft als quälend empfunden wird und sie darauf mit Weinen und Schreien reagieren.

Übergangsgestaltung zum Wickeln

Kinder lösen sich eher von ihrer Spiel-Tätigkeit, wenn sie die Pflegeaktivität Wickeln als einen schönen und beziehungsvollen Moment erleben dürfen. Niemals sollte eine Fachperson ohne jede Vorankündigung ein Kind greifen und es wortlos zum Wickeltisch bringen. Stattdessen muss das Wickeln unbedingt mit etwas Vorlaufzeit angekündigt werden, z. B.: „Judy, ich wickle jetzt Jonathan. Danach hole ich dich ab. Dann gehen wir beide zum Wickeln!"

Der Spielzeug-Parkplatz

Unter hygienischen Gesichtspunkten sollten Spielsachen nicht zum Wickeln mitgenommen werden. Ein Spielzeug-Parkplatz kann die Voraussetzung dafür schaffen, sich vom Spiel zu lösen. Bei seiner Rückkehr findet das Kind seine Spielsachen wieder vor und kann dort wieder ins Spiel einsteigen, wo es aufgehört hat. Der Parkplatz stellt eine kleine Fläche auf dem Boden, einem Regal oder einem anderen deutlich sichtbar begrenzten Bereich dar, in welchem das Spielzeug abgelegt werden kann. Diese Fläche ist im besten Fall farblich markiert, sodass der Parkplatz und seine Funktion für alle Kinder im Raum ersichtlich wird. Manche Kitas weisen auch eine etwas größere Fläche aus, um Bobbycars, Roller und andere Fahrzeuge parken zu können.

Entscheidungsspielraum einräumen

Der Wickelprozess enthält viele Möglichkeiten, Kinder aktiv in das Geschehen einzubeziehen. So sollten Kinder zunächst gefragt werden, ob sie jetzt schon bereit sind zum Wickeln. Dabei steht nicht zur Debatte, ob das Wickeln stattfinden wird oder nicht. Aber bei vielen Kindern löst sich ein letzter Widerstand, wenn sie zumindest in gewissen Grenzen des Machbaren über sich und ihren Körper entscheiden können. Dazu zählt, ob ein Kind bereit ist, jetzt sofort mitzugehen, oder eben erst in ein paar Minuten.

Schwierige Wickelprozesse im Team reflektieren

> Beispiel | Lisa hat Linnea mehrfach darum gebeten, mit ihr Wickeln zu gehen. Dennoch weigert sich Linnea partout. Sie möchte einfach nicht mit. Lisa greift die Abwehr von Linnea auf und fragt: „Du möchtest nicht mit mir wickeln gehen, das ist okay, Linnea. Aber wickeln müssen wir dich in jedem Fall. Schau mal, du kannst auch mit Michaela oder Tine zum Wickeln gehen. Von wem möchtest du denn gewickelt werden?" Linnea zeigt schüchtern auf Tine, die gerade das Freispiel beaufsichtigt. Nachdem Tine und Lisa ihre Plätze getauscht haben, geht Linnea mit Tine zum Wickeln.

Bei einem vom Kind initiierten Personenwechsel im Wickelprozess ist darauf zu achten, ob das Kind immer nur mit einer spezifischen Person wickeln gehen möchte, eine spezielle Fachkraft grundsätzlich ausschließt oder ob es sich um zeitlich eingerahmte Phasen handelt, die sich von selbst wieder lösen. Zumeist suchen sich Kinder jene Personen aus, mit denen sie eine stabile Beziehung aufgebaut haben und positive Erfahrungen bezüglich des Wickelns verbinden. Selbst wenn die geliebte Bezugsperson nicht zur Verfügung steht, findet ein Kind in der Regel zu einer Entscheidung und lässt sich am Ende ohne Widerstand wickeln, wenn es zumindest unter den vorhandenen Optionen wählen darf. Eine zu starke Exklusivität fördert die Abhängigkeit eines Kindes von einer Fachkraft. In einer Institution ist das ungünstig, da Fachkräfte immer auch einmal ausfallen bzw. nicht da sind. Es ist wichtig, dass das Kind auch eine Beziehung zu anderen Fachkräften entwickelt.

Bei lang anhaltenden Schwierigkeiten sollten die Wickeleigenheiten eines Kindes im Team besprochen und analysiert werden. Vielleicht bedarf es einer Zeit des Beziehungsaufbaus zwischen Kind und Fachkraft oder einer Art „Wickel-Eingewöhnung" zu einer spezifischen Fachkraft. Der Wickelprozess selbst sollte im Team in jedem Fall danach reflektiert werden, ob er:

- dem Entwicklungsstand des Kindes entspricht,
- so durchgeführt wird, dass die Fähigkeiten des Kindes und sein Wunsch nach Kooperation und Selbstständigkeit genügend einbezogen wurden,
- für das Kind seelisch und körperlich angenehm, im Sinne beziehungsvoller Pflege (Pikler & Tardos 2014) gestaltet wird.

Im Liegen oder im Stehen wickeln

Die Wickelinteraktion sollte sich an den Bedürfnissen und an der sensomotorischen Entwicklung des Kindes orientieren sowie Selbstwirksamkeit ermöglichen. So bereitet beispielsweise auch das selbstständige Hinauf- und Herabklettern auf und vom Wickeltisch vielen Kindern große Freude und erfüllt sie mit Stolz.

Unter eine an der Entwicklung des Kindes orientierte Gestaltung des Wickelns fällt auch das Wickeln im Stehen, das insbesondere aus der Pikler-Pädagogik bekannt ist. Das Wickeln im Stehen enthält für Kinder nicht nur eine weitere Entscheidungsmöglichkeit, sondern lässt ihnen großen Raum zur aktiven Teilnahme am Prozess.

Das Wickeln im Stehen stellt eine gute Vorbereitung auf den späteren Toilettengang dar. Das Kind hilft dabei mit, die Hose herunterzuziehen, die Windel zu öffnen und abzuziehen, sich selbstständig abzuputzen, beim Anlegen der Windel zu helfen und auch die Hose wieder hochzuziehen. Häufig dauert der Windelwechsel auch weniger lang.

Allein oder zusammen wickeln gehen

Ein responsives Wickelkonzept berücksichtigt, ob sich Kinder in den Pflegehandlungen wohlfühlen. Während die einen gerade die Einzelsituation mit der Fachkraft genießen und benötigen, möchten andere Kinder gerne in kleinen Gruppen zum Wickeln gehen. Sie schauen einander beim Wickeln zu, lernen voneinander und nutzen den Moment in der Kleingruppe für innige Zwiegespräche miteinander und der Fachkraft. Das Skript vom Wickeln kann durch eine gemeinsam gestaltete Wickelinteraktion unter den Kindern weitergegeben werden. Verbindet ein Kind Ängste oder Widerstände mit dem Wickeln, kann es durch das Erleben des Wickel-Skripts eines anderen Kindes sein Erfahrungsspektrum erweitern und weiterentwickeln. Vielleicht erlebt es zum ersten Mal, dass das Wickeln schön sein kann. Zusammen zum Wickeln zu gehen, kann aber auch dazu beitragen, dass neue Skripts entstehen. So wird in der Kita möglicherweise das Wickeln im Stehen praktiziert, was das Kind von zu Hause nicht kennt. Erst wenn es an anderen Kindern sieht, wie das Wickeln funktioniert, lässt es sich selbst darauf ein.

Fachkräfte sollten aufmerksam beobachten, ob ältere Kleinkinder, die ein jüngeres Kind bei seiner Wickelzeit begleiten möchten, nicht selbst eine Beziehungszeit mit der Fachkraft haben möchten. Das jüngere Kind erlebt dann keine ausreichende Zeit der ungeteilten Aufmerksamkeit.

Zu viele Kinder im Wickelraum

Wenn sich zu viele Kinder gleichzeitig im Wickelraum befinden, kann sich die Fachkraft nicht genügend auf den Wickelprozess konzentrieren, sondern muss ihre Aufmerksamkeit im ganzen Raum verteilen. Ein Ankerplatz mit passendem Spielmaterial ist deshalb unbedingt notwendig. Nicht zu empfehlen sind Wickelzeiten, in welchen alle Kinder mit zwei Fachkräften im Wickelbereich gleichzeitig gewickelt werden sollen.

Nach dem Wickeln

Nicht nur ein guter Beginn, auch ein guter Abschluss für die Wickelinteraktion ist wichtig. Als Abschluss sollte ein aufmunterndes Lächeln, ein Hinweis auf die Folgeaktivität und ein Blick in die Augen folgen, der ein gutes Gefühl bei Kind und Fachkraft hinterlässt.

Die Mikrotransition zur Toilette

Kinder, die beginnen zur Toilette zu gehen, benötigen gerade im Übergang vom Wickeln hin zur Windelfreiheit und damit zum Toilettengang noch viel Zuwendung seitens der pädagogischen Fachkraft. Es darf für das Kind nicht der Eindruck entstehen, dass es mit dem Gang zur Toilette die Innigkeit und Geborgenheit in der Begegnung mit der Fachkraft verliert, die es bisher in der Wickelsequenz mehrfach am Tag genossen hat. Auch beim Gang auf die Minitoilette oder das Töpfchen kommt der Pädagogin darum die Aufgabe zu, Präsenz, Interesse am Kind, an seinen Themen und Impulsen zu zeigen.

Der Gang zur Toilette findet zunächst meist noch begleitet statt. Oft entstehen hier aufregende Übergangs-Situationen, in denen das Kind nach seiner Meldung „Ich muss!" trippelnd und tänzelnd an der Hand der Fachkraft zur Toilette geht oder schnell zur Toilette rennt. Dabei dauert es seine Zeit, bis das Kind gelernt hat, dass es ab dem Bescheidgeben – um Pannen zu vermeiden – auch noch die Entfernung z. B. vom Garten zur Toilette mit einschätzen muss sowie die Zeit, sich die Hose herunterziehen und sich auf das Klo zu setzen.

Ein Kind, das bereits vollkommen autonom bezüglich seiner Ausscheidungen ist, spürt rechtzeitig, ob es ein kleines oder großes „Geschäft" verrichten muss. Es ist sogar in der Lage, die Abgabe von Urin oder Stuhl hinauszuzögern (Gutknecht, Kramer & Daldrop 2017). Bis es jedoch so weit ist, sind viele Interaktionen zwischen Fachkraft und Kind notwendig. Die Fachkraft vermittelt dem Kind beim begleiteten Toilettengang das Gefühl „Ich habe Zeit für dich!". Gerade im Übergang lässt sich dies gut durch „Toilettengespräche" vermitteln. Die Fachkraft wendet sich dem Kind bereitwillig zu und folgt seinen Gesprächsimpulsen.

7. Mikrotransitionen beim Wechsel von Personen

Jede Fachkraft kennt das häufig hochgradig ambivalente Verhalten von manchen Kindern in Krippe und Kita: Am Morgen ist die Trennung von Mama oder Papa kaum möglich, am Nachmittag hingegen fällt die Trennung von der Kita schwer und das Kind will kaum mit nach Hause gehen. Abgesehen von der Eingewöhnung können immer wieder Phasen auftreten, in denen die Kinder große Schwierigkeiten haben, mit den Herausforderungen rund um Abschied und Begrüßung zurechtzukommen. Das Verhaltensspektrum ist dabei weit: Die Kinder zeigen heftiges Weinen und Klammern bis hin zu wütendem Protestverhalten, bei dem sie sich auf den Boden werfen, schlagen, beißen etc. Andere Kinder wiederum reagieren eher abweisend auf ihre Bezugspersonen, zeigen kaum eine Reaktion und verschwinden direkt im Gruppenraum, was den Eltern dieser Kinder großen Kummer bereiten kann.

Neben den täglichen Übergabesituationen zwischen Familienangehörigen und pädagogischen Fachkräften kann auch der Fachkräftewechsel innerhalb des pädagogischen Alltags, z. B. durch Schichtwechsel, Tätigkeits- oder gar bloßem Raumwechsel der Fachpersonen, die aufgezeigten Verhaltensweisen bei Kindern auslösen.

7.1 Eltern und andere Bezugspersonen: Abschied und Begrüßung

Selbst wenn das Kind offensichtlich gut in der Gruppe angekommen ist, können Einschnitte im Leben des Kindes – also große Transitionen wie ein Umzug der Familie, ein längerer Urlaub der Lieblings-Erzieherin oder die Trennung der Eltern – Auswirkungen auf das Verhalten in den Tagesübergängen haben. Abschiedssituationen reaktivieren hier möglicherweise Trennungsängste des Kindes. Auch das Voranschreiten der Autonomie-Entwicklung kann zu Schwankungen im psychischen Erleben führen, was sich auf die morgendliche Bring- und Abholroutine in der Kita auswirkt.

Abschiedskonflikten konkret und responsiv begegnen

Um zu gut aufeinander abgestimmten Verhaltensantworten zu kommen, ist es von großer Bedeutung, dass sich Eltern und Fachkräfte über das neue Abschiedsmuster des Kindes verständigen. Für die Eltern sind die morgendlichen Szenen häufig sehr schwer auszuhalten. Das Verhalten des Kindes löst die Angst aus, dass es ihm in der Kita nicht gut geht. In der Regel verstärkt diese Unsicherheit der Eltern die Schwierigkeiten im Abschiedsprozess und muss von den Fachkräften unbedingt

durch aufklärende und beruhigende Gespräche aufgefangen werden. Oft dauert es nur wenige Minuten, bis die Kinder sich nach den tränenreichen Abschieden am Morgen wieder beruhigt haben und wie üblich ins Spiel finden. Diese Beobachtungen gilt es mit den Eltern zu teilen, zu dokumentieren oder zu videografieren.

Zusätzlich sollte ein morgendliches Abschiedsritual entwickelt werden, das von Eltern und Kind akzeptiert wird und mit der Zeit die Lage entspannt. Da sich nicht jedes Ritual für jedes Kind oder für jeden Elternteil eignet, sollte es gut besprochen und auf die kindlichen Bewältigungseigenschaften hin abgestimmt werden.

Manche Eltern versuchen den Abschied für sich und das Kind zu erleichtern, indem sie in einem vom Kind unbeachteten Moment die Kita verlassen. Für das Kind stellt das aber einen Vertrauensbruch dar, was eventuell seine Unsicherheit deutlich verstärkt. Die Eltern erzeugen zudem ein Bild von sich als Bezugsperson, das mit Unzuverlässigkeit und Untreue vom Kind assoziiert werden kann.

Die Wahrscheinlichkeit, dass problematische kindliche Verhaltensweisen weiterhin gezeigt werden, steigt auch dann, wenn sich Eltern in den Abschiedsprozessen von ihren Kindern selbst nicht mehr lösen können. Statt eines liebevollen, aber klaren Abschieds bleiben die Eltern hier länger in der Einrichtung, zeigen einen traurigen Gesichtsausdruck, nehmen das Kind der Fachkraft mehrere Male wieder ab oder kommen wieder zurück, wenn das Weinen des Kindes nicht sofort aufhört. Auf diese Weise erhält das Kind keine eindeutigen Botschaften zum Abschied. Die Eltern kommunizieren durch ein solches Verhalten (unbeabsichtigt) ihrem Kind, dass sie den Fachkräften kein Vertrauen entgegenbringen, was den Vertrauensaufbau des Kindes zu den Fachkräften erschwert.

Abschiedsrituale festlegen

Eltern sollten den Abschiedsprozess auf eine klar definierte Zeit begrenzen und darin ihr Verhalten in einer sich täglich wiederholenden Routine festigen. Ein solches Ritual könnte in etwa folgendermaßen aussehen:

Die Bezugsperson

- und das Kind kommen in der Kita an und gehen an den für das Kind vorgesehenen Garderobenplatz. Sie hilft ihrem Kind, sich für den Kita-Alltag entsprechend umzuziehen.
- läuft gemeinsam mit dem Kind zum Gruppenraum, wo die beiden lächelnd von einer bekannten Erzieherin begrüßt werden.
- begibt sich auf die Ebene ihres Kindes, gibt ihm einen Kuss.
- benennt die Abholzeit, wünscht ihrem Kind einen schönen Tag und übergibt es der Erzieherin.
- führt die Übergabe in gleicher Weise durch, auch wenn das Kind weint und klammert.
- dreht sich beim Verlassen der Einrichtung einmal um und winkt.
- achtet darauf, dass der Prozess der Verabschiedung nicht mehr als 10–20 Minuten dauert.

Das Übergangsobjekt

Mithilfe eines Übergangsobjekts von zu Hause kann der Wechsel von einer Person zur anderen bzw. von der familiären zur institutionellen Bezugsperson von vielen Kindern besser bewältigt werden. Während manche Kinder das traditionelle Kuscheltier bevorzugen, kann es bei anderen Kindern auch der geliebte Bagger oder der Schal von Mama sein. Übergangsobjekte stellen für das Kind eine Art Projektionsfläche dar, auf welche es seine inneren Bedürfnisse, Wünsche und Ängste überträgt (Fooken 2012). Es bietet Schutz, ist ein zuverlässiger, stets griffbereiter Lebensbegleiter und erhält die Verbindung zur Familie zuverlässig aufrecht.

Je tiefer die Bindung des Kindes an das Kuscheltier, umso größer ist dessen stressentlastende, emotional regulierende Wirkung. Mit dem Übergangsobjekt in der Hand ist dann das Loslassen von Mutter oder Vater und das Übertreten der Schwelle in den Gruppenraum leichter möglich. Übergangsobjekte sollten jedoch im Kita-Alltag nach einer gewissen Zeit an einen bestimmten Ort abgelegt werden, z. B. bei den Schlafsachen des Kindes. Das Verstauen des Übergangsobjekts ist deswegen von Bedeutung, da das Kind hiermit lernt seine Gefühle zu verstehen und zu sortieren. Wenn es ausgeglichen ist, braucht es keinen Schnuller oder Kuschelhasen. Auch kleinere emotionale Heraus-

forderungen, die im Alltag vorkommen (z. B. das Wegnehmen eines Spielzeuges durch ein anderes Kind), schafft es durchaus selbstgesteuert. So lernt es mit der Zeit, eine Frustrationstoleranz aufzubauen und ohne Hilfsmittel allmählich herausfordernde Situationen selbstgesteuert zu bewältigen. Natürlich darf das Übergangsobjekt in starken Emotionsmomenten auch im Alltag vom Kind verwendet werden.

Ein Abschiedslied

Lieder können die emotionale Spannung eines Kindes wirksam beeinflussen. Im Kasten wird ein Lied vorgestellt, das den Moment des Personenwechsels einleitet und ein Abschiedsritual sowie den Übergang in den Gruppenraum enthält. Das Lied kündigt somit nicht nur Kindern die Verabschiedung an, sondern kann es Eltern auch erleichtern, den richtigen Moment des Abschieds zu finden.

Ein Abschiedslied

Zur Melodie der ersten beiden Liedverse von „Das Krokodil am Nil" (siehe S. 111)

Wer kommt denn da? Wer kommt denn da?
Die große *Anne, ja das ist doch klar.
Setz' dich gleich zu mir her, setz' dich gleich zu mir her
und sag „Du, schau mal das ist gar nicht schwer."
Wir winken dir im Nu, wir winken dir im Nu,
ein Küsschen werfe ich dir auch noch zu
(Handkuss zu Mama/Papa werfen und Tschüss rufen).
Jetzt lass' uns schnell reingeh`n, jetzt lass' uns schnell reingeh`n,
wir freu`n uns sehr, dich spielen zu seh'n.
Wer ist denn heut' schon da? Wer ist denn heut' schon da?
Deine Freunde sind's! Da schau mal, ja
(Die Kinder, die bereits da sind, aufzählen und begrüßen gehen).

Winken am Fenster

Manchen Kindern erleichtert es den Abschied, den Eltern noch einmal zuzuwinken. Am Fenster stehend und winkend kann ein inniger Moment zwischen Fachkraft und Kind entstehen, da die Aufmerksamkeit des Kindes auf das Auto, die Bezugsperson und die Umgebung gelenkt ist und die Fachkraft dies sprachlich aufgreifen kann. Der Stimmklang der Fachkraft sollte hier ruhig, zugewandt und

nach unten moduliert sein, um einen beruhigenden Effekt zu erzeugen. Womöglich kann sie die Aufmerksamkeit des Kindes bereits auf andere Faktoren in der Umgebung lenken.
Bei manchen Kindern erhöht das Winken den Abschiedsschmerz. Hier sollte das Kind zunächst in eine attraktive Tätigkeit begleitet werden – z. B. am Sandtisch – und eine Verabschiedung dann von diesem Ort aus erfolgen.

Das Mini-Foto-Album
Ein kleines selbst erstelltes Fotoalbum (z. B. mithilfe von laminierten Fotos in einem Ringeinband) von der Familie lässt bei manchen Kindern das Gefühl aufkommen, Mutter und Vater in die Kita mitnehmen zu können. Das Fotoalbum kann dann eine stärkende Wirkung haben und sollte für das Kind griffbereit und zu jeder Zeit einsehbar sein. Diese Methode ist allerdings nicht für jedes Kind geeignet. Die ständige Erinnerung an die vermissten Bezugspersonen lässt für manche Kinder die Trauer als unüberwindbar erscheinen.

Bewegungsintensive Abschiede gestalten
Wer ist schneller am Garderobenplatz? Wer ist schneller am Auto oder am Fenster? Bewegungsintensive Spiele helfen manchen Kindern im Übergangsprozess. Aber auch hier gilt: mit Maßen in Blick auf Zeit und Aufwand, ansonsten kann der Moment des Abschieds vom Kind doch als zu plötzlich und überraschend empfunden werden.
Ein Personenwechsel durch das bekannte „Fliegerkind", welches nach Abzählen einer festgelegten Zahlenabfolge vom Arm der Bezugsperson auf den Arm der pädagogischen Fachkraft fliegt, erheitert häufig das Gemüt des Kindes und kann den Abschied erleichtern.

Abschiednehmen von der Kita
am Nachmittag
Während die einen Kinder freudestrahlend auf Mama oder Papa zurennen, sobald sie sie erblicken, fangen andere Kinder zu weinen an, wenden sich von den Eltern ab und einer Spieltätigkeit zu. Das Abholen kann für Kind und Eltern mitunter ähnlich herausfordernd sein wie die Bring-Situation am Morgen. Zeichnen sich fortwährende Schwierigkeiten in der Abhol-Situation ab, sollten auch hier klare Übergangsrituale eingeführt werden, die es dem Kind erleichtern, von der Kita Abschied zu nehmen.

Wenn Kinder Widerstand beim Abholen zum Ausdruck bringen
Obwohl ein Kind vielleicht häufiger am Tag nachfragt, wann es abgeholt wird, zeigt es den Eltern in der konkreten Abhol-Situation überraschend „die kalte Schulter". Dies löst große Unsicherheit bei den Bezugspersonen aus.

Beispiel | Es klingelt an der Kita-Tür. Alle Kinder sind aufgeregt, auch die zweijährige Cloe. Sie ruft „Meine Mama!" und schaut durchs Fenster zur Tür. Sie erblickt ihre Mama und macht einen kleinen Freudenhüpfer. Doch als ihre Mutter näher kommt, um sie in die Arme zu schließen, dreht Cloe um und rennt in den Gruppenraum. Sie greift ihr vorheriges Spiel wieder auf und ignoriert ihre Mutter. Auch auf die mehrmalige Aufforderung der Mutter, zu ihr zu kommen, um gehen zu können, reagiert Cloe nicht. Wenn ihre Mutter zu ihr geht, um sie zu holen, rennt Cloe erst weg, stampft auf den Boden und beginnt zu schreien und um sich zu schlagen. Die Mutter nimmt sie trotz der Proteste auf den Arm. Cloe strampelt und wehrt sich, schreit und schlägt um sich. Das Anziehen fällt der Mutter dementsprechend schwer, immer wieder redet sie beschwichtigend auf Cloe ein. Die Situation beruhigt sich jedoch nicht.

Wie das Beispiel aus dem Kasten links zeigt, freut sich Cloe offensichtlich über das Erscheinen der Mutter, reagiert aber trotzdem mit Abwehr. Sie zeigt das Verhalten auch, wenn andere Bezugspersonen wie Vater oder Großvater das Abholen übernehmen. Alle Bezugspersonen von Cloe reagieren darauf mit großer Unsicherheit in ihrem Handeln und wirken angespannt.

Mit der Mutter vereinbart die Bezugserzieherin nun eine klare Gestaltung des Abschiednehmens mithilfe einer 3-Minuten-Sanduhr. Wenn Cloe abgeholt wird, darf sie noch 3 Minuten spielen. Ist der Sand durchgelaufen, wird Cloe von der Erzieherin gefragt, ob sie allein zu Mama gehen oder ob sie von der Erzieherin dorthin begleitet werden möchte. Zu Anfang reagiert Cloe darauf nicht, woraufhin die Erzieherin eine weitere Option hinzugefügt: „Wenn du dich nicht entscheidest, entscheide ich für dich und ich werde dich auf den Arm nehmen und zur Mama bringen", was sie dann auch tut – unabhängig von Cloes protestierendem Verhalten. Nach wenigen Tagen ist für Cloe das neue Abholskript erfasst und sie entscheidet sich fast immer dafür, selbst zur ihrer Mutter zu gehen. Der Protest ist vorüber. Nach einigen Wochen dauert es keine ganze Sanduhr mehr, bis sie selbstständig zu Mama, Papa, Oma oder Opa geht und sie begrüßt sowie beim Umziehen an der Garderobe aktiv mithilft. Bald schon ist gar keine Sanduhr mehr nötig, da das Abholen reibungslos funktioniert.

Abschlussgedanken zur Zusammenarbeit mit Eltern

Die Bring- und Abholsituationen sind sicherlich das bedeutungsvollste Thema im Zusammenhang der Mikrotransitionen und der Zusammenarbeit mit Eltern. Bisher noch nicht erwähnt sind für Eltern von Kleinkindern Informationen zum Essen, Schlafen, Ausscheidung und Spiel- bzw. Tagesaktivitäten, die in den kurzen Tür- und Angelgesprächen ausgetauscht werden sollten.

Zu diesen Themen können Tagebücher von den Kindern eingesetzt werden, geführte Listen, die mündlich mitgeteilt werden, oder auch Aushänge zu den Tagesaktivitäten in der Kita. Daneben sollten aber auch die anderen Mikrotransitionen im pädagogischen Alltag mit den Eltern besprochen oder in Form von Aushängen, in der Konzeption oder in anderen Formaten vorgestellt werden. Hieraus ergeben sich in der Regel ungeahnte Gesprächsanlässe bezüglich der ritualisierten Abläufe im familiären Umfeld, wodurch die Kinder und ihre Familien besser eingeschätzt werden können und bei Bedarf Beratung angeboten werden kann.

7.2 Team: Herausforderung Personalwechsel

Für viele Kleinkinder stellen die täglichen Schichtwechsel beim Personal eine Irritation oder Herausforderung dar.

Schichtwechsel sind in Einrichtungen mit langen Öffnungszeiten unvermeidbar. Sie gehören für die meisten Kinder nach einiger Zeit zum typischen Tagesablauf. Anzeichen für eine emotionale Belastung sind neben offensichtlichen Verhaltensweisen wie dem Klammern an der Fachkraft auch unauffällige Fragen in Verbindung mit Veränderungen im Spielverhalten der Kinder. Typische Fragen dazu lauten:

- „Wer ist heute da?" „Ist heute [Name der Fachkraft] da?"
- „Wer kommt nachher?"
- „Wohin gehst du jetzt?" „Kommst du gleich/morgen wieder?"
- „Du sollst nicht gehen!"

Entwöhnungs-Strategien
bei Nähe-Distanz-Problematik

Zuweilen können Schwierigkeiten eines Kindes beim Schichtwechsel mit dem Verhalten der Bezugspädagogin am Morgen zusammenhängen. Es lassen sich dann meist Situationen beobachten, die Rückschlüsse auf eine Problematik bezüglich Nähe und Distanz bieten. Anstatt das Kind im Spiel zu begleiten oder es zu ermutigen, nach einem Moment der Emotionalität wieder zurück in den Alltag zu finden, genießt die Bezugspädagogin die Nähe des Kindes: Sie behält es übermäßig lange auf dem Schoß oder Arm und baut dadurch eine überaus exklusive Beziehung auf. Manche Kinder suchen auch von sich aus mehr Nähe als andere, kuscheln und halten sich gerne auf dem Schoß einer solchen Bezugsperson auf, lieber als zu spielen. Kinder, die über die Maße „geknuddelt" werden wollen, verhalten sich nach Ahnert (2015) oft ambivalent in Bezug auf ihre Bedürfnissignale. Im Konflikt zwischen dem Bedürfnis nach Befreiung aus dem Zuviel an Zuwendung, der Lust auf Entdeckung der Umgebung und der Angst vor einer folgenschweren Irritation der Beziehung durch die Abwendung von der pädagogischen Fachkraft entscheiden sie sich meist für die Beziehung und gegen die Exploration (ebd. 2015). Hier bedarf es einer intensiven Analyse der Beziehungsmuster. Fachpersonen sollten das Beziehungsverhalten von Kindern sorgfältig beobachten. Teammitglieder müssen sich wechselseitig darauf aufmerksam machen, wenn das Nähe-Distanz-Verhältnis vonseiten der Fachkraft die Bildungs- und Entwicklungspotenziale des Kindes nicht fördert. Um den Schichtwechsel zu erleichtern, muss eine sanfte Orientierung des Kindes zur Nachmittagsfachkraft erfolgen.

Unterstützung des Schichtwechsels

Wenn Kinder nach dem Schichtwechsel ihr Spiel einstellen, die verbleibende Zeit lustlos im Raum herumstreifen, sehr traurig sind oder in anderer Weise starke Emotionen zum Ausdruck bringen und sich dieses Verhalten anhaltend zeigt, muss eine für das Kind angemessene Unterstützung zum Schichtwechsel erfolgen.

Über Tafeln mit Fotos von den Fachpersonen, welche in der Gruppe arbeiten, können die Wechsel mit den Kindern besprochen werden. So kann mittags vor dem Schichtwechsel die bevorstehende Veränderung angekündigt werden: „Schau, Julian, nach dem Mittagessen geht Astrid. Dafür kommt aber dann Susan."

In diesem Zusammenhang gilt es auch zu analysieren, wie viele beziehungsvolle Kontakte das Kind zu den anderen Fachpersonen aufbauen konnte und ob hier eine Art Umgewöhnung zu anderen Fachkräften der Gruppe nötig wird.

Schließlich kann es sein, dass Kinder den Schichtwechsel nicht gut bewältigen, weil nach dem Wechsel eine bestimmte Fachkraft zurückbleibt, mit welcher das Kind bisher keine stabile Beziehung aufbauen konnte. Sollte dies der Fall sein, ist gemeinsam im Team zu erörtern, welche Strategien den Beziehungsaufbau bei diesem Kind unterstützen können.

Nicht zu empfehlen sind Schichtwechsel, durch welche eine ganze Personengruppe durch eine neue ersetzt wird. So sollte es mindestens eine Fachkraft geben, die über den Schichtwechsel der Kolleginnen hinaus für die Kinder verfügbar bleibt. Eine Gruppe sollte demnach nicht nur mit Halbzeitkräften, die lediglich am Morgen oder am Nachmittag arbeiten, besetzt werden. Da sich Kita-Qualität insbesondere durch eine stabile Beziehungskontinuität auszeichnet (Tietze & Viernickel 2016), stehen Träger und Leitung in der Verantwortung, diese durch eine sinnvolle Personalorganisation zu entwickeln und erhalten.

Literatur

Ahnert, L. (2015): Wieviel Mutter braucht ein Kind? Bindung – Bildung – Betreuung: öffentlich und privat. Heidelberg: Springer.

Ahnert, L., Kappler, G. & Eckstein, T. (2012): Die Eingewöhnung von Krippenkindern: Forschungsmethoden zu Bindung, Stress und Coping. In: S. Viernickel, D. Edelmann, H. Hoffmann, A. König (Hrsg.): Krippenforschung. Methoden, Konzepte, Beispiele. München: Reinhardt, S. 74–88.

Allingham, S. (2013): Transitions in the Early Years. A practical guide to supporting transitions between early years settings and into Key Stage One. Early Childhood Essentials 4. London: Mark Allen Group.

Bailey, B. A. (2009): I Love You Rituals. New York: HarperCollins.

Bostelmann, A. & Fink, M. (2015): Aktionstabletts – Experimente und Spielangebote: 40 Ideen für das Lernen in Krippe und Kindergarten. Berlin: Bananenblau.

Brooker, L. (2008): Supporting Transitions in the Early Years. Maidenhead: Open University Press.

BZgA (= Bundeszentrale für gesundheitliche Aufklärung) (2017): Pressemitteilung zum Welthändewaschtag 12.10.2017: BZgA gibt Tipps zum Hygieneverhalten bei Atemwegsinfektionen. Verfügbar unter: https://www.bzga.de/presse/pressearchiv/?jahr=2017&nummer=1173 [16.6.2018].

BZgA (o. J.a): Plakat „Richtig Händewaschen" für Grundschulen. Verfügbar unter: https://www.bzga.de/botmed_62510300.html [16.6.2018].

BZgA (o. J.b): Händewaschen. Verfügbar unter: https://www.infektionsschutz.de/haendewaschen/ [16.6.2018].

Csikszentmihalyi, M. (2017): Flow. Das Geheimnis des Glücks. Stuttgart: Klett Cotta.

Daldrop, K. (2016): Die Garderobensituation im Krippenalltag – Mikrotransition und Aktivität des täglichen Lebens. Qualitative Interaktionsgestaltung und Assistenz. Verfügbar unter: http://www.kita-fachtexte.de/uploads/media/KiTaFT_Daldrop_Garderobensituation_2016.pdf [18.6.2018].

Daldrop, K., Stehmeier, S. & Gutknecht, D. (2018): Responsives Handling in Krippe und Kita: Die Qualität der Bewegungs- und Berührungsinteraktion zwischen Fachkräften und Kindern. Verfügbar unter: https://www.erzieherin.de/responsives-handling-in-krippe-und-kita-die-qualitaet-der-bewegungs-und-beruehrungsinteraktion-zwischen-fachkraeften-und-kindern.html [7.7.2018].

Datler, W., Datler, M. & Funder, A. (2010): Struggling against a feeling of becoming lost: A young boy's painful transition to day care. Infant Observation, 13(1), 65–87.

Fooken, I. (2012): Puppen – heimliche Menschenflüsterer: Ihre Wiederentdeckung als Spielzeug und Kulturgut. Göttingen: Vandenhoeck & Ruprecht.

Fukuda, K. & Asaoka, S. (2004): Delayed bedtime of nursery school children, caused by the obligatory nap, lasts during the elementary school period. Sleep and Biological Rhythms, 2(2), 129–134.

Gräbe, L. (2016): Bildungschancen beim Händewaschen. Kleinkindpädagogik nach Emmi Pikler. klein & groß, 10, 28–31.

Griebel, W. & Niesel, R. (2015): Übergänge ressourcenorientiert gestalten: Von der Familie in die Kindertagesbetreuung. Stuttgart: Kohlhammer.

Gutknecht, D. & Bader, C. (2018): Die Säuglings- und Kleinkindpädagogik nach Emmi Pikler. In: M. Rißmann (Hrsg.): Didaktik in der Kindheitspädagogik. Grundlagen der Frühpädagogik Band 3. Köln: Wolters Kluwer/Carl Link, S. 276–295.

Gutknecht, D. (2015a): Bildung in der Kinderkrippe. Wege zur professionellen Responsivität. Stuttgart: Kohlhammer.

Gutknecht, D. (2015b): Wenn kleine Kinder beißen. Achtsame und konkrete Handlungsmöglichkeiten. Freiburg: Herder.

Gutknecht, D. & Höhn, K. (2017): Essen in der Kinderkrippe. Achtsame und konkrete Gestaltungsmöglichkeiten. Freiburg: Herder.

Gutknecht, D., Kramer, M., Daldrop, K. (2017): Kinder bis drei Jahre in Krippe und Kita. kindergarten heute – praxis kompakt. Freiburg: Herder.

Jansen, F. & Streit, U. (2015): Fähig zum Körperkontakt. Körperkontakt und Körperkontaktstörungen – Grundlagen und Therapie – Babys, Kinder & Erwachsene – IntraActPlus-Konzept. Heidelberg: Springer.

Kleinstkinder in Kita und Tagespflege (2018): Die Praxismappe: Den Morgenkreis neu entdecken. Ideen für Kinder unter 3. Freiburg: Herder.

Kramer, M. (2013): Schlafen in der Kinderkrippe – eine alltägliche Herausforderung. Verfügbar unter: https://quikk.eh-freiburg.de/inc/template/QuiKK/Fachartikel/Schlafen-in-der-Krippe_KiTa_aktuell_HRS_Kramer_Ower.pdf [27.6.2018].

Kramer, M. & Gutknecht, D. (2016): Schlafen in der Kinderkrippe. Achtsame und konkrete Gestaltungsmöglichkeiten. Freiburg: Herder.

Laewen, H.-J., Andres, B. & Hédervári-Heller, E. (2011): Die ersten Tage – ein Modell zur Eingewöhnung in Krippe und Tagespflege. Weinheim: Beltz.

Malenfant, N. (2006): Routines & Transitions. A Guide for Early Childhood Professionals. St. Paul: Redleaf Press.

O'Connor, A. (2018): Understanding Transitions in the Early Years. Supporting Change through Attachment and Resilience. London: Routledge.

Orem, D. (1997): Strukturkonzepte der Pflegepraxis. Berlin: Ullstein Mosby.

Papousek, H. (2003): Spiel in der Wiege der Menschheit. In: M. Papousek & A. v. Gontard (Hrsg.): Spiel und Kreativität in der frühen Kindheit. Stuttgart: Pfeiffer bei Klett-Cotta, S. 17–55.

Pikler, E. & Tardos, A. (2014): Miteinander vertraut werden. Erfahrungen und Gedanken zur Pflege von Säuglingen und Kleinkindern. Freiamt: Arbor.

Satter, E. (2000): Child of Mine. Feeding with love and good sense. Boulder: Bull Publishing Company.

Smith, J., Donlan, J. & Smith, B. (2012): Helping Children with Autism Spectrum Conditions through Everyday Transitions. Small Changes – Big Challenges. London: Jessica Kingsley Publishers.

Staton, S. L., Smith, S. S. & Thorpe, K. J. (2015): „Do I really need a nap?" The role of sleep science in informing sleep practices in early childhood education and care settings. Translational Issues in Psychological Science, 1(1), 32–44.

Tietze, W. & Viernickel, S. (Hrsg.) (2016): Pädagogische Qualität in Tageseinrichtungen für Kinder: Ein Nationaler Kriterienkatalog. Kiliansroda: verlag das netz.

Uvnäs Moberg, U. (2016): Oxytocin, das Hormon der Nähe: Gesundheit – Wohlbefinden – Beziehung. Heidelberg: Springer.

Winnicott, D. W. (1973): Vom Spiel zur Kreativität. Stuttgart: Klett.

Zollinger, B. (2015): Die Entdeckung der Sprache. Bern: Haupt.

Zulley, J. & Knab, B. (2014): Unsere Innere Uhr. Natürliche Rhythmen nutzen und der Non-Stop-Belastung entgehen. Frankfurt am Main: Mabuse-Verlag.

Quellen und Linkliste zu den Transitionsliedern

Breuer, Kati (2014): Ich zieh mich an-Lied. Aus dem Album: Piepmatzlieder. 25 frische Singhits für fröhliche Kinder zum Schaukeln, Trippeln, Stampfen und Zappeln. ©Edition SEEBÄR-Musik, www.kinderlieder-und-mehr.de

https://www.youtube.com/watch?v=2WehD6h5P_s

Sommerland, S. & Glück, K. (2011): Hände waschen. Aus dem Album: Die 30 besten Spiel- und Bewegungslieder. Lamp und Leute (Universal Music).
https://www.youtube.com/watch?v=pe3F6Pp4hQk

Sommerland, S. & Glück, K. (2011): Krokodil am Nil. Aus dem Album: Die 30 besten Spiel- und Bewegungslieder. Lamp und Leute (Universal Music).
https://www.youtube.com/watch?v=YH9e854RZCA

Volkslied: A, a, a, der Winter, der ist da.
https://www.youtube.com/watch?v=Faym70ZXXQE

Volkslied: Alle Leut', alle Leut' geh'n jetzt nach Haus'.
https://www.youtube.com/watch?v=Bs6dAO9ffHw